KB187801

행복한 노후를 위한 100일 플랜

반은퇴

행복한 노후를 위한 100일 플랜
반은퇴

초판 1쇄 인쇄 2024년 5월 10일
초판 1쇄 발행 2024년 5월 15일

지은이 | 신동국
발행인 | 안유석
책임편집 | 고병찬
교정·교열 | 하나래
디자인 | 김민지
펴낸곳 | 처음북스 출판등록·2011년 1월 12일 제2011-000009호
주소 | 서울 강남구 강남대로 374 케이스퀘어강남2 B2 B224
전화 | 070-7018-8812 **팩스** | 02-6280-3032
이메일 | cheombooks@cheom.net
홈페이지 | www.cheombooks.net
페이스북 | www.facebook.com/cheombooks

ISBN 979-11-7022-279-8 03320

행복한 노후를 위한 100일 플랜

반은퇴

처음북스

은퇴 후 자산 관리는 필수입니다

사람들은 대체로 일하고 싶지 않음에도 불구하고 일을 해야 하는 상황에 처해 있습니다. 특히 은퇴 후에는 더욱 일할 마음이 들지 않겠지만, 최근에는 경제적 자립이 가능한 일부를 제외하고 대다수가 일을 계속해야 하는 '반은퇴' 시대로 접어들었습니다. 이러한 반은퇴 시대의 주된 위험 요인은 고령화이며, 인플레이션은 이 위험을 더욱 심화시키고 있습니다. 국가에서는 국민연금 제도를 마련하고 개인도 퇴직 연금을 준비하지만, 이것만으로는 부족합니다. 이제는 개인연금도 필수로 가입해야 하는 상황입니다. '평생 일했으니 어떻게든 될 것'이라는 생각은 더 이상 현실적으로 도움이 되지 않습니다.

우리는 은퇴를 맞이하면서 전에 없던 새로운 세상에 발을 들여놓게 되었습니다. 이제는 성장이 정체된 경제와 노동력의 필요성이 점차 감소하는 산업 구조로 변화하였습니다. 세상은 은퇴자에게 무관심하게 일관하며, 스스로 해결해 보라는 태도를 보이면서 은퇴자들의 편을 들어주지 않습니다.

마음만은 온 세상이 내 것 같았고 희망에 가득 차 사회생활을 시작했던 20대 때와 다르지 않습니다. 그런데 직장 생활 30년에 모아놓은 재산도 없이 후배들에게 자리를 내 주고 은퇴를 해야 하는 믿지 못할 시간이 되었습니다. 꼬박꼬박 나오는 월급을 받으며 시간을 보내고 나니 오히려 자영업을 하는 친구들이 부러워집니다. 은퇴가 직장을 그만두는 것이지 직업, 즉 일을 그만두는 것이 아니라는 말이 현실이 되었습니다. 이웃나라 일본 여행을 갔을 때 공항에서 여행객을 도와주던 어르신들의 모습이 더욱 강하게 기억에 남는 것이 저만은 아닐 것입니다.

고등학교 시절, 우리는 대학에만 입학하면 모든 것이 해결될 거라고 생각했습니다. 그러나 대학 입학은 단지 시작에 불과했습니다. 이후 대학 졸업과 동시에 취업이 모든 문제의 해결책이 라 여겼지만, 취업 역시 또 다른 시작이었습니다. 은퇴가 최종 종착지일 것이라고 생각했으나, 은퇴 또한, 새로운 시작으로 다가왔습니다.

이 책을 펼치기 전, 여러분은 다음 질문에 대해 먼저 생각해 보아야 합니다.

- 은퇴 후에도 일을 해야 할 정도로 소득이 필요한가?
- 직장이 없는 내가, 일상생활에 대해 도움이 필요할 때 가족이나 도와줄 사람이 있는가?
- 내가 즐거움과 행복을 느끼는 것은 무엇이며, 그것을 위해서 얼마의 지출이 필요할까?
- 내가 받을 수 있는 연금 150만 원이 10년 뒤에 얼마의 가치가 있을까?
- 은퇴 이후에는 하고 싶은 일을 하라는데, 나는 어떤 일을 하고 싶을까? 하고 싶은 일과 할 수 있는 일은 다른 걸까?

은퇴를 앞두고 있다면 위 질문에 대한 자신만의 답을 가지고 있어야 합니다.

은퇴 후 30년은 예전에 생각했던 것처럼 완벽한 천국은 아니겠지만, 지나치게 걱정할 필요도 없습니다. 지난 30년 동안 세상이 겪은 변화보다 앞으로 다가올 30년이 더 큰 변화가 예상됩니다. 우리는 이 변화에 완벽하게 대응하지 못할 수도 있습니다. 사실, 과거 30년 동안에도 우리는 충분히 준비되어 있지 않았습니다. 하지만 걱정만으로 문제가 해결되지는 않습니다. 세상은 어떤 식으로든 계속 돌아갑니다. 이 책을 읽으면서 은퇴 생활의 다음 30년을 덤덤하게 준비해 보는 시간을 가집시다.

- 신동국

은퇴 자산 관리 자가 진단표

은퇴자의 자산 관리는 진단, 계획, 실행 그리고 점검이라는 네 단계를 반드시 거쳐야 합니다. 이 진단표에는 총 20가지 항목이 포함되어 있으며, 결정하기 어려운 선택지에 직면했을 때는 보다 보수적인 옵션을 선택하는 것이 현명할 수 있습니다. 각 항목에 점수를 매기는 것이 유용할 수 있지만, 은퇴자가 직접 각 항목을 검토하고 이해하는 과정이 더 중요합니다. 이러한 접근 방식은 은퇴 자산 관리에 있어 근본적인 준비를 돕고, 은퇴 계획의 효율성을 높이는 데 중요한 역할을 할 것입니다.

01. 은퇴 이후 주거 시설에 대한 적절한 준비가 되어 있는가?

① 부채는 없고 다운사이징 가능. (+30)

② 부채는 없으나 여건상 다운사이징 어려움. (0)

③ 주택 담보 대출 혹은 미상환 대출 잔액 있음. (−30)

④ 주택 미보유로 전세 월세 비용 지출 중. (−60)

02. 퇴직금/퇴직 연금의 활용 여지가 있는가?

① 퇴직금이 있으며 IRP 계좌로 연금화할 수 있음. 혹은 퇴직 연금 보유하고 있음. (+20)

②퇴직금은 있으나 미상환 부채가 있음. 퇴직 연금 없음. (0)

③ 퇴직금 중간 정산으로 퇴직금이 없으며 부채가 있음. 퇴직 연금 없음. (−20)

④ 퇴직금, 퇴직 연금은 없고 부채만 있음. (−40)

03. 금융 자산의 현황은 어떠한가?

①부채는 없고 3억 원 이상의 금융 자산에 장기 투자. (+20)

② 소액의 금융 자산으로 매매 차익을 추구, 부채는 없음. (0)

③ 금융 자산과 금융 부채 규모가 비슷, 순자산 0 수준. (−20)

④ 차입을 통해 고위험 고수익 추구하는 자산에만 투자. (−40)

04. 은퇴 이전의 월간 지출액 규모와 축소하려는 목표 금액은 얼마인가?

① 150만 원 이하에서 120만 원 수준으로 (+10)

② 250만 원 수준에서 200만 원 수준으로 (0)

③ 400만 원 수준에서 300만 원 수준으로 (−10)

④ 500만 원 이상에서 500만 원 수준으로 (−20)

05. 지출에서 가장 줄이기 힘든 항목은?

① 주거 비용: 줄이는 효과가 별로 없음 (+10)

② 부양 비용: 직계존비속을 포함한 가족에 대한 지출 (0)

③ 건강 관련 비용: 건강보조식품 포함 (–10)

④ 취미 및 문화 활동: 30년 직장 생활에 대한 보상 (–20)

06. 은퇴 이후 가장 큰 비율로 줄일 계획인 항목은?

① 식비 및 외식비 (+10)

② 여행 (0)

③ 경조사비 (–10)

④ 품위 유지비 (–20)

07. 소유한 자동차의 상황은?

① 소형차로 필요할 때 활용 (+5)

② 중대형차로 필요할 때 활용 (0)

③ 소형차로 잦은 고장으로 비용 발생 (–5)

④ 중대형차로 잦은 고장으로 비용 발생 (–10)

08. 은퇴 이후 희망했던 여행과 문화 활동 비용(연간 비용/12)과 감축 가능한 비율은?

① 월 30만 원 이하로 10% (+5)

② 월 50만 원 수준으로 20% (0)

③ 월 100만 원 수준으로 30% (–5)

④ 월 300만 원 수준으로 50% (–10)

09. 참여하는 모임 관련

① 자발적 모임이며 비용은 적립되어 있음 (+5)

② 참여하고 싶은 모임으로 비용은 공동 부담 (0)

③ 반 자발적 모임이고, 종종 자기 과시가 필요한 모임 (-5)

④ 비생산적이며 불편하지만 그나마 불러 주니 나가는 모임 (-10)

10. 취미 및 문화 활동 관련 발생 비용(애완동물 포함)

① 모임 회비 혹은 이동 관련 교통비 정도 (+10)

② 초기 비용 지출 후 최소한의 유지 비용 발생 (0)

③ 비용이 많이 발생하는 취미 및 문화 활동, 일시에 큰돈이 필요한 취미 (-10)

④ 비용을 많이 지출할수록 인정받는 취미 및 문화 활동 (-20)

11. 은퇴 이후 부양해야 할 가족이 있는가?

① 자산이 있는 부모님 혹은 경제적 자립을 한 자녀 (+30)

② 경제적 부양이 필요 없는 부모님과 대학교를 졸업한 자녀 (0)

③ 중고교 이하에 재학 중인 자녀 (-30)

④ 건강 관련 지출이 필요한 부모님과 미성년 자녀 (-60)

12. 직계존비속을 중심으로 부양 가족의 건강 상황은?

① 건강하며, 지속 복용약 없음 (+10)

② 건강한 편이며, 1~2가지 약을 먹고 월 1회 이상 병원 다님 (0)

③ 독립적인 이동에 제한은 있지만, 집에서는 활동 (-10)

④ 간병인이 필요 (-20)

13. 은퇴자 혹은 부부의 건강 관련 상황은?

① 건강하고 납부 완료한 보험 및 실손 보험 납부 중 (+10)
② 건강하고 납부 완료한 보험, 실손 보험은 없음 (+0)
③ 지병이 있으며 보험료 및 실손 보험 납부 중 (-10)
④ 지병이 있으며 보험, 실손 보험 없음 (-20)

14. 은퇴자 혹은 부부의 미래 건강 관련 상황은?

① 지병 없고 건강함 (+10)
② 약을 먹는 지병은 있으나 건강한 편임 (+0)
③ 약을 먹는 지병은 있으며 평균 이하의 체력임 (-10)
④ 지병이 두 가지 이상이고, 월 1회 이상 병원 다님 (-20)

15. 은퇴 이후 소득을 얻기 위한 반은퇴에 대한 입장은?

① 필요 없거나, 적극적 참여 의지 (+10)
② 소득 수준과 관계없이 기회가 되면 참여 (0)
③ 생활비가 추가로 필요하면 참여 (-10)
④ 필요하지만 하기 싫음 (-20)

16. 은퇴 이후 반은퇴에 대한 기대 소득은?

① 은퇴 이전의 30% 혹은 최저 인금 수준 (+5)
② 은퇴 이전의 50% 혹은 월 300만 원 수준 (0)
③ 은퇴 이전의 70% 혹은 월 500만 원 수준 (-5)
④ 은퇴 이전 수준이나 500만 원 이상 (-10)

17. 은퇴 자산 관리를 할 때 보유 부동산에 대한 전망은?

① 인구 감소로 하락할 수 있다. (+10)

② 점진적으로 상승할 것이며 물가 상승률보다 높을 것이다. (0)

③ 통화 가치 하락으로 명목 금액은 급등할 것이다. (-10)

④ 평균 가격은 횡보하고, 나의 부동산은 상승할 것이다. (-20)

18. 은퇴 자산 관리를 할 때 시장 금리에 대한 전망은?

① 큰 폭 상승으로 대출 이자가 부담이 될 수 있다. (+10)

② 낮은 수준을 예상하나 일시적 상승이 가능하다. (0)

③ 4% 이내에서 제한적 수준에서 등락을 보일 것이다. (-10)

④ 하향 안정화로 대출 이자 부담은 적을 것이다. (-20)

19. 주가 지수 혹은 보유한 주가연계 자산의 가격에 대한 전망은?

① 경기 침체와 투자 수요 감소로 하락할 수 있다. (+10)

② 점진적 상승할 것이며 물가 상승률보다 높을 것이다. (0)

③ 통화 가치 하락으로 명목 금액은 큰 폭의 상승을 보일 것이다. (-10)

④ 시장은 강보합을 예상하지만, 나의 보유 자산은 강세를 예상한다. (-20)

20. 자산 관리를 위한 기본 지식이나 정보를 얻는 출처와 방법은?

① 의견이 다른 전문가 의견과 관련된 공부 및 사례 연구 (+10)

② 개별적인 학습 및 공개 정보를 정리하여 참고 (0)

③ 유튜브 등의 영상이나 전문가 의견을 시청 (-10)

④ 내가 수수료를 지급하는 금융 기관의 담당자 (-20)

---

250 / -500

100점 이상: 건강 관리 잘하고 가족과 모임 잘 활용 필요
0 ~ 100점: 자산과 건강에 대한 점검 필요
-200 ~ 0점: 자산 및 건강포트폴리오 점검 및 보완, 반은퇴 적극 검토
-200점 미만: 반은퇴 필수

차례

1장

은퇴 준비를 왜 해야 하는 걸까?

01

고령화:
긴 노후는 준비가 필수

눈을 떠 보니 은퇴자, 게다가 이제는 100세 시대라고 합니다. 무엇보다 유병장수가 가장 큰 위험이라고 합니다. 평생직장에서 열심히 일하고 은퇴한 뒤에는 산을 즐기며 손주의 재롱을 보면서 여생을 마감하리라 생각했습니다. 그러나 100세 시대가 도래하면서, 어쩌면 길고 지루했던 직장 생활보다 더 많은 시간을 은퇴 생활로 보내야 할지도 모릅니다. 이제는 몸도 건강해야 하고, 충분한 자금도 필요하며, 시간을 알차게 보낼 수 있는 취미나 활동이 필요합니다. 하지만 세상은 너무나 빠르게 변하고 있습니다. 사람들 사이의 소통이 어려워지고, 간단한 질문조차 하기 힘든 시대가 되었습니다. 그렇다면, 이러한 변화 속에서 은퇴 생활을 위해 어떤 준비가 필요할까요?

직장 생활 30년, 은퇴 생활 30년

우리 사회는 이미 고령화 사회에 진입했고, 의학의 발달로 평균 수명이 더욱 길어질 가능성이 큽니다. 이로 인해, 은퇴 생활에 대한 철저한 준비가 이전보다 훨씬 중요해졌습니다.

1930년대에 한국인의 평균 연령은 30대였으나, 2000년대 초에는 70대로 상승했습니다. 그 시절, 많은 사람들은 정년퇴직 후 손주를 돌보며 몇 년을 보내고, 자연스럽게 세상을 떠났습니다. 이때는 자녀들이 부양의 의무를 당연하게 여기는 사회적 기대가 있었습니다. 2020년을 넘어서면서 평균 연령은 80세를 넘어섰습니다. 사고사를 제외한 현재의 50대와 60대 은퇴자는 90세에서 100세까지 생존할 가능성이 높습니다. 이는 이전에 경험한 30년간의 직장 생활과 비슷한 기간을 은퇴 생활로 보내야 함을 의미합니다.

20대 후반에 인생의 계획을 세웠든 세우지 않았든, 누구나 30년간 직장 생활을 합니다. 돌아보면 너무도 많은 일이 있었고, 굴곡진 삶이었습니다. 그런데 그만큼의 세월을 은퇴한 후에 또 보내야 합니다. 자산은 자꾸 줄어들고, 몸은 지속적으로 나빠지면서 병과

싸우기도 합니다. 더구나 우리의 자식들은 자기 자신들도 살기 바쁜 세상이 되었습니다. 평범한 부모들은 오히려 자식들에게 해 줄 수 있는 게 없어서 기를 펼 수도 없습니다. 어찌 자식에게 부양을 기대하겠습니까? 오히려 자식이 손만 벌리지 않아도 다행인 세상입니다.

은퇴 후 시간과 자산

직장에 다닐 때는 늘 여가 시간이 부족했습니다. 반면에 은퇴 후 일을 하지 않으니 남아도는 시간을 주체할 수 없습니다. 특히 돈 없이 시간을 보낸다는 것은 어렵습니다. 경제학적으로 보면 자원의 제약으로 인한 선택의 문제가 있는 것입니다. 희소성에 따라 예산 제약선의 영향을 받습니다. 은퇴를 했다면 이제 부족한 돈으로 넘치는 시간을 보내야 합니다. 때문에 긴 노후는 준비가 된 사람에게는 축복이고, 준비가 안 된 사람에게는 불행입니다. 원하든 원하지 않든 우리는 은퇴를 맞이해야 하며, 은퇴 이후에는 새롭게 돈을 벌기보다는 가진 자산을 관리하는 데 집중하고 싶습니다. 이를 통해 '긴 노후'를 안정적으로 보낼 준비를 해야 합니다.

시간은 누구에게나 동일하게 주어지지만, 각자 다르게 사용합니다. 자산 상황 역시 저마다 다르지만 계획적인 자산 관리를 하면

긴 시간을 효율적으로 보내는 데 도움이 됩니다. 30년 동안 직장 생활을 했지만, 은퇴 시점에서 저마다 형성한 자산의 양이 다른 것과 마찬가지입니다.

은퇴 후 현실 대응: 경제적 부담과 디지털 격차

은퇴 계획을 세우는 과정에서 미래에 대한 낙관적 기대보다는 현실적인 상황과 예기치 못한 위험에 대비하는 자세가 중요합니다. 고령화 사회에서 은퇴 후의 생활을 준비할 때, 대다수는 재정 문제와 건강을 주요 위험 요소로 생각합니다. 이는 매우 중요한 사항이며, 재정적 어려움은 은퇴 생활을 고통스럽게 만들고, 건강 상실은 은퇴 생활을 의미 없게 만듭니다. 그러나 이외에도 은퇴자들이 직면하게 될 다양한 과제들에 대해 이야기해 보겠습니다.

디지털 약자는 생활하기 어려운 세상

은퇴 이후의 생활에 필요한 지식을 습득하는 것은 필수적입니다. 세상은 빠르게 발전하고 있으며, 특히 디지털 기술의 발전은 일상생활에 큰 변화를 가져왔습니다. 30년 전 공상 과학 영화에서 볼 수 있었던 기술들이 현실이 되었습니다. 자율 주행 차량, 드론, 로봇 등은 우리가 예상치 못한 변화를 경험하게 합니다. 디지털 전환의 속도가 너무 빨라, 잠깐 방심하면 '디지털 소외 노인'이 되어 버립니다. 이제는 집에서 TV를 보려고 리모컨을 찾는 게 아니라 말로 TV를 켭니다. 말 한 마디만 하면 휴대폰으로 친구에게 문자를 보낼 수 있습니다. 오랜만에 친구들과 점심을 먹고 커피를 한잔 하려면 사람에게 주문하는 것이 아니라 기계와 다투어야 합니다. 핸드폰 사용과 관련해 문의를 하고 싶을 때 콜센터에 전화하면 연결도 어렵지만, 연결되더라도 사람과 통화하기 어렵습니다.

이러한 변화를 단순히 불편함으로 받아들이고 물러서 있는 것으로 충분할까요? 이제는 기계를 상대하는 데 익숙해질 필요가 있습니다. 인공 지능, 로봇과 같은 기술들이 고객 응대나 음식 주문을 담당하고 있으며, 이러한 변화는 앞으로 10년 이내에 더욱 가속화될 것입니다. 로봇이 애완동물만큼이나 일상생활에 흔해지고, 우리 생활에 깊숙이 관여하게 될 것입니다.

정보 홍수 시대에서의 은퇴자

다음으로 정보에 익숙해져야 합니다. 경제가 성장하고 IT가 발달하면서 정보의 홍수 시대가 되었습니다. 은퇴를 했으니 이제 주변의 젊은 사람들에게 물어볼 기회도 많지 않습니다. 무언가 궁금할 때는 직접 검색해야 하는데 이것도 쉬운 일이 아닙니다.

예를 들어 '서울시에서 한 달간 대중교통을 정액제로 무제한 이용하는 제도'가 생긴다는 것을 알았다고 했을 때, 이 제도가 구체적으로 어떻게 시행되는지 여러분은 스스로 알아낼 수 있나요? 아마 그것이 기후동행카드를 발급받아야 한다는 것을 알아도 구체적인 내용을 검색하기 어려울 것입니다. 실제 검색어로 기후동행카드를 입력해도 자본주의 시장답게 검색의 우선순위는 쇼핑몰 정보입니다. 검색 결과에서는 개인이 운영하는 블로그가 먼저 나옵니다. 사람과 대화하고 사람에게서 서비스 받기 어려우며, 찾고 싶은 것이 있어도 그것을 찾기 어려운 시대가 되었습니다. 우리 은퇴자들은 이 상황을 헤쳐 나가야 합니다.

은퇴자의 소외와 경제적 부담 증가

마지막으로 소외 문제가 있습니다. 은퇴자는 사회의 주류가 아니며 추가 비용을 지불해야 합니다. 즉, 이제 우리는 동일한 서비스를 받기 위하여 더 많은 비용을 지불해야 한다는 것입니다. 만 65세가 넘으면 지하철을 무료로 이용하고, 고궁에도 무료로 입장할 수 있습니다. 고령자에게 사회가 주는 혜택이 많습니다. 그렇지만 눈을 조금 옆으로 돌리면 경제 활동을 할 때, 소비 활동을 할 때 쿠폰이나 할인 혜택, 예약 서비스 등을 이용할 수 있습니다. 우리는 큰맘 먹고 스타벅스에서 제값을 주고 커피 한 잔을 사 먹습니다. 매월 1번은 비싼 통신료를 부담한 대가로 커피 한 잔은 무료로 마십니다. 아마 그것이 전부일 것입니다. 그런데 젊은 사람들은 제휴 카드와 스타벅스 포인트 적립 그리고 텀블러 할인 등을 받습니다. 영화를 한 편 보는 방법도 너무 복잡해 보입니다. 아마 자식들에게 예약을 부탁할 것입니다. 해외여행을 갈 때는 패키지를 이용합니다. 그리고 쇼핑센터를 따라다니고, 비싼 옵션들을 선택하라고 강요받습니다. 서비스 제공자가 수익을 내려면 누군가는 비싼 돈을 지불해야 합니다. 하지만 이용할 수 있는 서비스나 할인을 받지 못하는 사람들 입장에서는 억울하게 느껴질 것입니다.

소득 없는 은퇴 생활 시작

우리는 은퇴를 하면 생산자로서의 일을 끝내고 소비자로서의 삶을 살고 싶어 합니다. 그런데 평생 일하면서 자녀 교육과 주거 마련에 돈을 쓰고 나니, 은퇴를 할 때가 되면 남은 돈이 없습니다. 은퇴자들의 평균 순자산이 3억 원 수준이라고 합니다. 지금 은퇴를 하는 사람들은 성장하는 사회에서 부동산 가격의 상승에 대한 혜택을 받았다고 합니다. 부동산 상승기를 보냈는데, 순자산이 3억 원이라고 하는 것은 사실상 월급을 받아서 모은 돈이 별로 없다는 뜻입니다. 돈은 그런 것입니다. 어쩌면 월급은 모이지 않는 돈일 것입니다.

한국 사회에서 평균의 소득으로 삶을 유지한다는 의미는 무엇일까요? 평균 소득을 받는 근로자가 한국 사회에서 자녀 교육과 주거 문제를 해결하고도 돈을 모을 수가 있을까요? 차라리 운이 좋아야 돈을 모은다고 생각하고 싶습니다. 그래야 마음이 좀 가벼울 것 같습니다. 은퇴는 주 수입이 없어지거나 급감한다는 것을 의미합니다. 지금부터 우리에게 다가오는 시간은 더욱 돈을 모을 수 있는 시기가 아닙니다. 은퇴 직후부터 어떻게 자산을 관리하고 합리적으로 지출을 하며 고령화 시대의 위험을 대비할 것인가가 우리에게 주어진 과제입니다.

반은퇴 세상

우리는 이제 세상을 대하는 자세도 바꾸어야 합니다. 우리보다 조금 앞서 은퇴한 세대들과는 다릅니다. 이렇게 비유해 보겠습니다. 이제는 은퇴가 아니라 반은퇴 세상으로 바뀌었습니다. 은퇴란 매주 40시간씩 일하던 자신의 평생 업(Main Job)에서 물러나(혹은 밀려나) 최저 임금을 받으며 주 20시간씩 일해야 하는 '반은퇴(Half Retirement)'로 바뀐 것입니다. 사회 변화에 따라 일부는 평생 추구해 온 직업을 다음 세대에 넘겨주고, 대신 단순 노동에 종사해야 하는 상황이 벌어지고 있습니다(일본 사회를 보면 알 수 있습니다). 많

기존 은퇴 세대		반은퇴 세대
고금리(7~10%), 고성장(7~10%)	경제 환경	저금리(1~2%), 저성장(2~3%)
61.9세 (1970년 기준)	기대 수명	83.5세 (2023년 기준)
10~20년	퇴직 후 노후 기간	30~40년
집값 꾸준히 상승	부동산 가치	집값 하락, 안정 추세
필요성 낮음	연금 필요성	생존 위해 필수
수명 짧아 부담 적음	의료비 지출	70세 이후 부담 급증
부모 부양 자녀 많음	자녀 도움	기대하기 어려움

[그림 1-1] 반은퇴 시대 배경과 특징

은 이들이 이러한 변화를 받아들이기 어려워하며, 가족 앞에서의 자존심 문제를 거론하기도 합니다.

2000년 이전의 한국에서는 대학을 졸업한 사람들이 사무직을 그만두고 세탁소를 운영하는 것을 상상하기 어려웠지만, 캐나다로 이민을 가서는 세탁소를 할 수 있었습니다. S그룹의 예에서 볼 수 있듯, 50세가 되어 임원이 되지 못하면 팀장에서 팀원으로 강등되는 경우가 많았습니다. 처음에는 이를 받아들이기 어려워 퇴직을 선택했지만, 점차 많은 이들이 이를 받아들이기 시작했습니다. 또한, 2000년대 초에 도입된 식당의 혼밥 가림막도 점차 사라지는 추세입니다.

이처럼 반은퇴 시대로의 변화는 은퇴자 개인과 사회가 비교적 빠르게 수용하게 될 것입니다. 이제 정부와 기업이 어떻게 이 변화에 대응하여 최저 임금 일자리를 신속히 창출하고 제공하는지가 중요합니다. 이미 2023년 통계청의 경제 활동 인구 조사에 따르면, 60대 초반(60~64세)의 고용률은 63.9%로, 20대의 60.9%보다 높은 수치를 기록하고 있습니다.

은퇴자에게 나이란?

대부분의 사람들은 건강하고 오래 살고 싶어 하며, 적당한 소비와 생산적인 활동을 지속하고 싶어 합니다. 또한, 자신이 가진 자산을 지키려는 의지도 매우 강합니다. 특히 반은퇴 상태에서 일을 계속하더라도 자산의 감소나 집을 팔아야 하는 상황은 피하고 싶어합니다. 이러한 마음가짐을 가진 은퇴자들에게 나이는 시간의 흐름을 넘어 삶의 단계를 구분하는 중요한 기준입니다. 그들의 은퇴 생활은 세 가지 주요 기간으로 나뉩니다.

- 건강하게 살 수 있는 나이와 아프면서 살아야 하는 기간
- 최저 임금을 받으며 일하는 나이와 일을 할 수 없는 기간
- 자산을 지킬 수 있는 나이와 자산을 허물어야 하는 기간

결국, 모든 것이 중요

은퇴자가 되면 하강 곡선을 그리는 건강과 자산을 어떻게 관리할 것인지 설계하고 가족과 취미를 공유하는 것이 중요합니다. 그리고 우리는 디지털 전환이라는 익숙지 않은 환경에도 적응해야 합니다. 긴 노후를 위해 건강, 돈, 취미, 가족 중 무엇이 중요할까요? 정답은 모두가 중요합니다. 이 책을 통해 각각의 중요성을 알아봅시다.

02

인플레이션:
당신의 자산 가치는 제자리걸음

많은 사람들이 은퇴 생활에서 돈의 중요성을 강조합니다. 하지만, 중요한 것은 단순히 돈의 양만이 아니라, 그 가치도 고려해야 합니다. 현재 150만 원이 미래에도 동일한 가치를 유지할지는 아무도 알 수 없습니다. 지난 30년 동안의 경험이 이를 증명하고 있음에도 불구하고, 많은 이들이 이러한 생각을 바꾸지 않고 있습니다. 미래에 인플레이션이 발생하지 않을 것이라고 생각하십니까? 은퇴 자산이 인플레이션을 겪어도 괜찮을 것이라고 확신하십니까? 인플레이션이 발생했을 때, 우리가 믿고 있는 연금이 충분히 도움이 될 수 있다고 확신하십니까?

연금 150만 원이 미래에는 30만 원?

미래는 불확실하기 때문에 우리는 현재에 비추어 예상하려는 경향이 있습니다. 서울의 아파트 가격은 과거에 1억 원이었다가 10억 원이 되었습니다. 과연 아파트 가격은 미래에도 10억 원일까요? 1,000원짜리 짜장면은 이제 10,000원이 되었습니다. 그렇다면 미래에는 얼마가 될까요? 현재 월 150만 원으로 설정된 연금은 10년 후에도 동일한 가치를 유지할 수 있을까요?

돈의 가치를 논할 때, 우리는 흔히 명목 가치와 실질 가치라는 두 가지 용어를 사용합니다. 자산의 가치를 평가할 때는 종종 명목 가치를 기준으로 하지만, 실제 자산의 가치는 인플레이션을 고려한 실질 가치에 의해 결정됩니다.

예를 들어, 은퇴 시 받는 퇴직금이 1억 원이라고 가정해 보겠습니다. 만약 물가가 100% 상승한다면, 이 퇴직금의 명목적 금액은 여전히 1억 원이지만, 그 실질 가치는 절반인 5천만 원으로 감소하게 됩니다. 같은 맥락에서, 만약 짜장면 가격이 1만 원에서 5만 원으로 오른다면, 우리의 은퇴 자금의 실질 가치는 1억 원에서 2천만 원으로 줄어들게 됩니다. 따라서, 미래에 받게 될 150만 원의 연금이 실제로는 30만 원의 가치만을 지닐 수 있음을 인지하는 것이 중요합니다.

인플레이션도 부자를 좋아한다

물가가 오르는 인플레이션이 모든 사람에게 위험할까요? 물론 과도한 인플레이션은 모두를 불편하게 할 수 있습니다. 그런데 생각해 보면 인플레이션은 자산이 있는 사람들이나, 차라리 자산이 없고 부채만 있는 사람들에게 부정적인 영향을 덜 끼칩니다. 인플레이션이 발생할 때 가장 손실을 많이 보는 사람들은 열심히 직장 생활하고 현금으로 자산을 모으는 사람들입니다. 열심히 일만 하는 중산층에게 화폐 가치 하락, 인플레이션은 준비 없이 감당할 수 없는 괴물입니다. 여러분은 우리가 살아온 과거 30년 간은 물가가 올랐지만, 은퇴 이후 30년 동안 물가가 안정적일 거라고 생각하나요? 내가 사회생활을 하지 않고, 인플레이션에 영향을 끼칠 수 없기 때문에 현재 상태가 유지된다고 생각하시나요?

인플레이션의 영향은 열심히 사는 중산층에게 가장 직접적으로 발생합니다. 어쩌면, 돈과 자산이 있거나, 하루 벌어 하루 살거나, 부채가 많은 경우 인플레이션이 나쁠 것 없는 현상일 수 있습니다. 하루 10만 원 벌어서 한 끼에 1만 원인 식사를 하다가, 하루 50만 원 벌어서 한끼 5만 원짜리 식사를 해야 하는 인플레이션 상황에서 우리는 소득이 5배나 올랐다고 생각합니다. 식단의 선택권이 넓어진 것으로 생각할 수 있습니다. 예를 들어 짜장면이 1만 원에서

5만 원이 되어도 일당 10만 원이 50만 원이 되면 인플레이션 문제가 적습니다.

그런데 연금은 다른 이야기입니다. 연금이 100만 원 가치에서 20만 원 가치로 떨어지는 것입니다. 물가 상승을 보전한다고 주장하는 연금들도 정부가 발표하는 물가 상승률을 반영하기 때문에 은퇴자 입장에서는 생활에서 부담해야 하는 인플레이션에 대해 일부만 반영되고, 연금의 실질 가치가 줄어든다고 생각할 것입니다. 물가가 5배로 오르면 부채가 많은 경우, 예를 들어 부채 1억 원이 부채 2천만 원으로 줄어드는 효과입니다. 물론 인플레이션 과정에서 이자율이 상승하여 채무자가 이자 부담을 감당할 수 없다면 경제적 손익을 넘어 파산할 수는 있습니다. 이 부분이 바로 우리가 레버리지를 이용할 때 감당할 수준에서 실행해야 하는 이유입니다.

금융 시장에서 인플레이션이 발생하고 금리가 오르면 차입을 통해 자산을 매입한 사람들이 이자를 감당하지 못하고 보유 자산을 처분하거나 파산하는 과정에서 화폐 가치가 하락하는데도 자산 가격이 하락하는 현상이 발생합니다. 그러나 시간이 흐르면 화폐 가치가 하락하는 인플레이션은 중장기적으로 자산이 많은 사람이 유리하고, 부채가 많은 사람도 나쁘지만은 않다고 볼 수 있습니다. 그렇다고, 각국 정부가 과도한 부채를 인플레이션을 방치하여 정부 부채 감소 효과를 추구하지는 않을 것입니다.

미래에 피할 수 없는 인플레이션

은퇴자들이 살아가야 하는 앞으로 30년간 인플레이션이 발생할 원인을 알아보겠습니다.

우리는 신용 창출과 통화 공급을 이해하고 이것이 인플레이션에 어떤 영향을 주는지 고민해야 합니다. 주요국의 최고 의사 결정자는 선출직입니다. 그리고 선거는 반복됩니다. 선거에서 이기려면 국민들의 지지와 그에 따른 표를 받아야 합니다. 그런데 의사 결정자들은 직접 돈을 벌 의무도 없고 돈을 갚을 책임도 없습니다. 어쩌면 지속적인 감세 정책을 펼치고 적자 재정을 적극적으로 해결하지 않을 수 있습니다. 이미 정부 부채가 과도한데도 이런저런 이유와 명분을 들어 부채를 증가시킵니다.

적자 재정, 정부 부채 확대는 결국 통화 발행으로 이어질 것이며 이는 유동성 공급이 되는 것입니다. 경제 발전 속도가 둔화되면서 신용 창출이 과거보다 덜 발생한다고 주장하기도 합니다. 과연 그럴까요? 디지털 전환 시대임을 감안하면 과거에는 정부가 은행을 통해 신용 창출을 했지만 이제는 민간 기업에서 암호자산으로 신용을 창출합니다. 비트코인, 이더리움이나 각종 NFT라는 것이 새로 만들어졌고, 이들이 화폐로서의 가치를 갖기 때문에 신용 창출의 결과로 볼 수 있습니다. 우리나라는 지방 정부가 지역 경제 활성화라는 명분으로 지역 화폐를 발행합니다. 글로벌 기업만이 아니라 우리나라의 대기업들은 고객들에게 마일리지와 쿠폰을 제공합니다. 대한항공의 마일리지나 스타벅스와 같은 국내외 대기업의 선물 쿠폰은 모두 신용 창출의 결과입니다. 심지어 작은 카페들도 10잔에 한 잔 무료 행사도 신용 창출의 결과입니다. 휴대폰과 컴퓨터로 할 수 있는 게임 내에서 쓰이는 아이템은 고가로 거래됩니다. 이러한 것들은 모두 신용 창출입니다.

이러한 신용 창출의 결과 과거에는 법정 화폐만 인정하는 경우와 달리 신용 창출의 결과물을 가진 사람들은 모두 부의 효과를 누립니다. 스타벅스 커피 쿠폰 10장이 있으면 5만 원 정도의 경제적 가치가 있는 것입니다. 그리고 신용 창출이 늘어나면 결국 경제 전체로 볼 때 유동성 공급 효과가 발생합니다. 화폐 가치 하락은 피할 수 없습니다.

앞에서 지적했듯이 미국, 일본, 한국, 중국 등 대부분의 나라는 정부 부채가 있습니다. 정부 부채는 다양한 형태가 있지만, 간단히 국채 발행으로 이해할 수 있습니다. 신규 국채를 발행하면 정부의 부채가 증가하는 것입니다. 그리고 정부는 발행된 국채에 이자를 지급합니다. 미국이나 일본 정부는 국채 이자 지급에 엄청난 예산을 사용합니다.

예를 들어 미국 국가 부채가 33.5조 달러로 원화로 4경 원 수준입니다. 미국의 기준 금리가 5.25~5.5%인데 계산의 편의를 위해 5%로 가정해도 미국 국가 부채의 1년 이자는 2천조 원이 넘습니다. 다행히 제로 금리 시기에 발행한 국채가 많아 1천조 원 미만으로 알려져 있습니다. 참고로 우리나라 정부 예산은 600~700조 원 수준입니다. 대한민국 1년 GDP(국내 총생산)가 2천조 원을 조금 상회하는 것과 비교해 보면 어느 정도인지 더 정확히 알 수 있습니다.

미국의 경우 정부가 돈이 없으면 국채를 발행하고 미연준(FRB)이 화폐를 찍어 국채를 매입합니다. 미국은 정부의 부채 한도를 법으로 정하는데 몇 년째 정부 부채 한도의 확대를 위해 의회와 행정부가 줄다리기를 하고 있습니다.

우리나라는 안전할까요? TV 뉴스를 보고 있으면 정부는 돈은 쓰려고 애씁니다. 사람들은 다양한 정부의 지원을 받으려고 하고, 세금은 덜 내려고 합니다. 경제는 좋지 않습니다. 그렇다면 이런 문제는 어떻게 추가로 화폐를 발행하지 않고 해결할 수 있을까요? 아이에게는 출산 정책, 청년에게는 구직 정책과 자금 대출, 지방에는 지원책, 소외 계층에는 경제적 지원, 농민과 소상공인은 물론 각종 연구 과제를 따는 고학력자까지 자체적인 경쟁력 없이 정부의 지원에 기댈 수만은 없습니다. 많은 지역 축제, 무료 입장권을 배포하는 올림픽, 선거 때면 매일 쏟아져 나오는 각종 공약은 모두 돈이 필요합니다.

과거 30년보다 나을 것 없는 미래 30년

과거의 30년과 다른 30년이 우리 앞에 놓여 있다면 인플레이션은 문제되지 않습니다. 그러나 과거 30년과 유사하거나 그보다 더 심각한 인플레이션이 발생할 수 있다고 전제한다면 은퇴자의 자산 관리는 방향을 잘 잡아야 합니다. 혹시라도 코로나19에 준하는 질병이 다시 발생한다면, 러시아와 우크라이나 전쟁에 준하는 전쟁이 다시 발생한다면 인플레이션의 발생 시기는 당겨지고 그 규모는 확대될 것입니다. 그리고 인플레이션이 발생하면 양극화의 심화가 불가피하기 때문에 그 부분도 염두에 두고 자산 관리를 해야 합니다. 확보한 연금이 150만 원인데 물가가 5배 뛰면 우리가 쓸 수 있는 돈은 30만 원밖에 되지 않는 효과이기 때문입니다.

03

인구 구조 변화: 노인만 있는 사회

고령화와 저출산은 인구 구조에 변화를 가져오며, 이는 불가피하게 정부 정책과 우리의 자산 가치에도 영향을 미칩니다. 이러한 변화는 우리가 예상했던 은퇴 후의 생활 방식을 전혀 다른 형태로 바꿔 놓을 수 있습니다. 젊은 세대의 비율이 감소함에 따라, 우리 중 일부는 그들의 역할을 부분적으로나마 이어받아야 할 수도 있습니다.

사회는 다양한 연령층의 상호 작용에 의해 움직이지만, 만약 주변에 노인만 보인다면, 우리는 경험해 보지 못한 새로운 형태의 세상을 마주하게 될 것입니다.

저출산으로 무너질 국민연금

저출산은 인구 감소의 문제입니다. 인구의 고령화는 경제 활동 인구의 감소를 유발합니다. 고령화로 인해 인구가 자연스럽게 증가하면서 해결될 문제 중 일부는 저출산과 맞물려 매우 심각한 문제를 야기할 수 있습니다.

가장 직접적인 예는 국민연금입니다. 국민연금은 국가가 지급을 보장하지만, 기본적 구조는 젊은 사람이 납부한 돈으로 은퇴자가 수령하는 것입니다. 이는 피라미드 구조를 생각하면 이해하기 쉽습니다. 혹은 폰지라고도 볼 수 있습니다. 저출산 인구 감소는 이 구조에서 가장 핵심적이고 기본적인 가정을 부정합니다. 우리는 국민연금이 지속 가능하려면 더 많이 납부하고 덜 받아야 한다는 것을 이해하지만, 수용하기 어렵습니다. 그래서 정부도 쉽게 결정을 못 하는 것입니다.

선출직 의사 결정자들이 결정을 미루면 결국 정부 지원으로 해결해야 합니다. 이는 인플레이션과 연결됩니다.

국민연금은 적자를 내려는 금융 상품

국민연금은 금융 상품으로 보면 적자를 내려는 상품입니다. 여러분이 사장님이면 회사에서 국민연금 같은 상품을 만들면 큰일납니다. 국민연금은 다행히 국가가 운영을 책임집니다.

일반적으로 우리는 인구 구조가 바뀌고 산업 활동 인구가 감소할 것으로 예상하고 있습니다. 인구 구조는 저출산, 고령화에 따라 노인 인구가 확대되는 것이 핵심입니다. 생산 가능 인구가 감소하는 것입니다. 물론 산업 구조가 바뀌면서 제조업의 인력 수요는 줄어들었습니다. 서비스업에서는 로봇이나 기계가 담당하는 비중이 점차 확대되고 있습니다(로봇이나 기계는 국민연금을 납부하지 않습니다).

은퇴자에게 인구 구조의 변화가 미치는 영향은 연금에 있습니다. 연금은 원칙적으로 내가 납부한 돈을 운영자가 관리하여 퇴직 이후 돌려주는 것입니다. 그런데 국가에서 운용하는 공적 연금은 일종의 폰지처럼, 생산 활동 인구가 소득을 발생시켜 연금을 납입하면 그것을 재원으로 활용합니다. 연금 운영의 수익이 있지만 국가가 지급을 책임지고 경제 활동 인구가 납입하는 연금을 재원으로 은퇴자들에게 연금을 지급하는 것입니다.

그런데 국민연금의 경우 국민들의 기본적 복지를 위하여 경제적으로 무리가 있는 조항들도 포함합니다. 예를 들면 임의 가입, 추후 납부 등은 가입자에게 유리한 정책입니다. 납부한 돈을 50% 반영하고 국민 복지 측면에서 50%는 약자에게 유리하게 수령액을 결정합니다. 가입자 입장에서 수익률을 계산한다면 경제적 약자가 유리합니다. 그러나 우리는 그것을 수용하는 것입니다. 그것을 불공평하다고 시정하자고 하지는 않습니다.

은퇴해도 산업 활동 인구

인구 구조의 변화는 필연적으로 산업 활동 인구에 큰 변화를 가져옵니다. 통계청의 자료에 따르면, 경제 활동 인구의 기준 연령을 65세로 설정하고 있습니다. 하지만 대기업이나 금융업계에서는 대개 55세 전후로 은퇴하는 것이 일반적입니다. 그러나 현실을 살펴보면, 많은 사람들이 경제적 필요성으로 70~75세까지 일하는 경우가 많습니다. 이에 따라 현실적으로 의미 있는 경제 활동 가능 연령은 75세로 설정하는 것이 타당하다고 볼 수 있습니다.

이른바 '은퇴'라고는 하지만, 실질적으로는 '반은퇴' 상태라고 봐야 합니다. 즉, 은퇴 후에도 여전히 산업 활동 인구의 일원으로서 경제 활동을 계속해야 하는 상황입니다.

금융 시장의 수급에 영향을 주는 인구 구조

자산 관리의 측면에서 인구 구조의 변화는 어떤 영향이 있을까요? 우선 부동산 시장에 변화가 있을 것입니다. 인구 감소는 주택 수요의 감소가 분명합니다.

그러나 이는 고령화에 따른 수요와 상쇄될 것입니다. 핵가족화, 핵개인화 현상이 강화되고 있습니다. 이는 수요 대상이 과거와 비교하여 작은 규모이고 지하철이 가까운 편리성에 중점을 둘 수 있습니다. 주택 수 포함에 논란이 많은 오피스텔에 대한 수요의 향방도 중요합니다.

다음은 공적 연금입니다. 공적 연금 개혁은 지속적으로 대두되고 있습니다. 누구도 공적 연금의 개혁의 정당성을 부정할 수는 없습니다. 다만 수혜자들 입장에서 불편할 것입니다. 그리고 그것이 정치적 득실로 해석이 될 수 있어 쉽게 실행하지 못하는 것입니다. 현재의 은퇴자들, 곧 은퇴하고 국민연금을 수령해야 하는 사람들은 정부 정책에 따라 과거에 예상했던 수령액보다 적게 받을 수 있다고 예상할 것입니다. 이는 우리가 추가적인 소득을 벌어야 한다는 의미가 될 수 있습니다.

셋째로 금융 자산의 경우 자산가들의 나이가 들어감에 따라 좀 더 보수적인 전략으로 바뀔 것입니다. 투자하여 기대할 수 있는 최대 이익보다는 감당해야 하는 최대 손실이 투자 결정에 중요해질 것입니다. 은퇴자들에게 가격 변동도 중요하지만, 배당의 안정성과 배당 성향이 투자 우선순위가 됩니다. 은퇴자들이 상대적으로 사회 초년생이나 젊은 사람들보다 투자금이 클 것입니다. 결국 은퇴자가 늘어나면 금융 시장에서 투자 자금의 판도도 변화할 수밖에 없습니다. 추가로, 인구 구조의 변화와 관련하여 중장기적으로는 다문화 가족 및 외국인 노동자 그리고 국내로의 이민 유입도 변수가 될 수 있습니다.

04

건강:
당신은 점차 약해집니다

우리는 종종 아프거나 힘들 때 곧 나아지리라 믿으며 살아왔습니다. 단지 조금만 휴식을 취하면 원래의 상태로 돌아갈 수 있다고 기대했습니다. 하지만 '은퇴자'라는 말이 이제는 건강 유지가 더 이상 당연하지 않은 상태임을 의미하는 시점에 이르렀습니다. 매일이 우리가 가진 가장 젊고 건강한 순간임을 상기해야 합니다.

그렇다면 은퇴 후에도 작은 즐거움을 찾으며 건강을 관리하는 방법은 없을까요? 은퇴 이후 건강 관련 비용은 예산에서 큰 부분을 차지합니다. 건강이 곧 재산이며, 건강을 지키는 것이 곧 재산을 증식하는 일이라 할 수 있습니다.

비가역적 건강, 노화

은퇴는 주로 직장인에게 적용되는 용어로, 소득이 중단되는 시기를 나타냅니다. 또한, 이 시기에는 소득의 단절뿐만 아니라 건강도 점차 약화되는 경향이 있습니다. 특히 직장인의 생활을 마무리하고 일을 하지 않는 순간부터 건강이 급속도로 악화되는 사례를 많이 보았을 것입니다.

나이가 들면 몸이 약해지는 것은 당연한 현상입니다. 하지만 우리는 그것이 싫습니다. 그래서 노화를 늦추기 위해 운동도 하고 의학에 기대기도 합니다. 주위 친구들을 보면 다양한 영양제를 먹습니다. 매일 5~10알씩 먹는 친구들이 꽤나 많습니다. 몸에 좋다면 못 할 것이 없을 것처럼 건강을 챙기는 친구들도 있습니다.

건강을 유지하는 것이 돈을 버는 것

건강을 유지하는 것이 돈을 버는 것이라는 말이 있습니다. 맞습니다. 부모 입장에서 고교생 자녀가 좋은 대학을 갈 수 있다면 큰 비용을 투자할 것입니다. 은퇴자들 역시 건강을 유지할 수 있다면 많은 돈을 투자해야 합니다.

경제적인 수치로 환산하기는 어렵지만, 건강 관리는 가장 중요한 투자입니다. 지속적인 노력을 통해 건강을 유지한다면 자산을 운용하여 돈을 버는 것과 마찬가지로 우리의 행복을 증진시킵니다. 은퇴자들에게 돈을 더 벌고 싶은지 아니면 건강한 몸을 오래 유지하고 싶은지 고르라고 한다면 건강을 택하는 사람들이 많을 것입니다.

건강 관련 지출과 자산 관리는 높은 관련성이 있습니다. 특히 각종 정보가 늘어나면서 우리는 '건강에 대한 준비' 이야기를 많이 듣습니다. 그런데 그 이야기의 많은 부분은 돈이 필요합니다. 영양제를 사 먹고, 운동을 하고, 예방 차원에서 검진도 하고 건강 강화 프로그램에 참여합니다.

물론 반대되는 의견도 있습니다. 병원을 가는 것이 병을 얻는 것이며, 약을 먹는 것이 몸의 저항력을 약화시킨다고 말하는 사람도 있습니다. 우리는 한 번뿐인 인생을 살아야 하기 때문에 두 가지 상반된 주장에 대하여 우리 삶을 걸고 테스트할 수 없습니다. 인생은 시간이 지나고 번복할 수도 없습니다. 은퇴자들의 건강에 대한 투자가 건강에 주는 영향은 어쩌면 중고등학생들의 사교육과 비슷합니다. 사교육이 효과가 있든 없든 사교육을 거부하기는 쉽지 않습니다. 사교육의 성공 사례와 실패 사례가 있듯이 우리의 건강에 대한 투자도 결과를 장담할 수는 없습니다. 다만 현재 시점에서 최선을 다하는 것일 뿐입니다.

실손 보험과 건강 관리 비용

은퇴자들이 자산 관리 측면에서 건강과 관련해 우선순위에 둬야 할 것은 무엇일까요? 가장 중요한 것은 보험입니다. 특히, 은퇴자에게 절실하게 필요한 것이 실손 보험입니다. 은퇴 후에는 건강 문제가 본격적으로 시작되며, 실손 보험료는 크게 상승합니다. 자신의 자산이나 현금 흐름과 견주어 부담할 수 있는 것인지, 필요한지에 대한 고민이 있습니다. 보험 회사에세 제공하는 보험은 평균적으로 가입자에게 경제적 계산으로는 손실입니다. 보험 가입으로 심리적 안정이 될 뿐입니다. 그리고 그에 대한 비용인 것입니다. 보험 회사는 자선 단체가 아닙니다. 이에 관해 구체적인 내용은 본문 3장에서 다루겠습니다.

다음으로 중요한 것은 건강 관리 비용입니다. 건강 자체가 큰 자산이므로, 건강을 유지하고 개선하는 데 투자하는 것이 곧 돈을 버는 것이며, 자산을 관리하는 방법입니다. 영양제를 먹으면 건강해질까요? 주기적으로 병원에 가서 검진을 받으면 큰 병을 조기에 찾아 대비할 수 있나요? 아마도 주위에서 선험적 사례가 많아 사람들은 병원을 적극적으로 찾습니다. 그러나 병원에 가서 자꾸 검사를 하는 것이 오히려 몸에 나쁜 영향을 줄 수도 있으며 건강 관련 과잉 대응을 하거나, 하나의 치료를 위하여 다른 부작용이 있어 결과적으로 몸이 쇠약해지지 않을까요? 예를 들어 암 발생을 줄일 수 있는 예방적 치료가 몸에 무리를 주어 체력이 급격히 낮아질 수 있습니다.

그러나 우리가 의사 결정을 해야 하는 상황에서는, 때로는 의술에만 의존하거나 과잉 대응을 할 위험이 있습니다. 선택하지 않은 길이나 결정에 대해 후회할 때도 있습니다. 결혼을 예로 들어 보면, 결혼을 하든 안 하든 후회가 있을 수 있는데, 결혼을 하고 후회하는 것이 나을 수 있습니다. 최선의 결과를 얻지 못해도 최선을 다하는 것이 자연스러운 의사 결정 과정입니다. 이러한 이유로, 의술의 결과에 확신이 없거나 회복 가능성이 낮아도 우리는 의술을 선택하게 됩니다.

05

정부의 역할: 나만 모르는 정부 지원 정책

은퇴자를 포함한 우리 모두의 경제적 관점에서 볼 때, 주요 경제 주체는 개인, 가족 그리고 정부입니다. 이들 중에서 정부가 가장 지속 가능한 경제 단위로 볼 수 있습니다. 정부는 국민들에게 걷은 세금과 발권력을 활용하여 재정을 운영하며, 현재도 다양한 정책을 추진하고 있습니다. 특히, 586세대의 대규모 은퇴로 인해 은퇴 인구가 증가함에 따라, 관련 정책을 더욱 확대하여 시행할 것으로 예상됩니다. 저성장 사회에서 정부의 역할은 더욱 중요해지며, 우리의 생산과 소비를 포함한 생활 전반에 광범위한 영향을 미치고 있습니다.

정부의 지원 정책 확대

정부는 많은 일을 하고 있으나, 우리 대부분이 그 활동의 세부사항에 대해 잘 알지 못합니다. 특히 은퇴 후에는 정보를 접할 수 있는 창구가 제한되면서 중요한 정보를 놓치기 쉽습니다. 이에 은퇴자는 자신에게 필요한 정보를 스스로 찾아내고, 적극적으로 활용해야 합니다.

우선 정부의 정책 기조를 볼까요? 우선 정부는 생산 분야만이 아니라 소득이나 소비 분야에도 직접적으로 혹은 간접적으로 방향을 제시하고 직접 자금을 투입합니다. 정부는 농민, 소상공인, 청년들에게 지원을 하여 생산을 지원합니다.

그런데 이제 정부는 국민들의 소비도 지원합니다. 2019년 코로나19 직후에는 지원금도 제공했습니다. 이제는 각 지역의 지자체들이 외부에서 온 여행객이 자기 지역에서 소비를 하게 유도하기 위해 여행 지원금을 지원합니다. 휴가를 가서 사용할 수 있는 지원금, 카드 사용에 따른 지원금 등을 제공합니다. 소비를 진작시키기 위해 지역 화폐를 만들고, 물건을 구입하면 할인해 주기도 합니다. 누군가가 소비를 하면 누군가에게는 소득이 되는 것입니다. 결국 정부가 생산자들이 안정적으로 소득을 확보할 수 있도록 소비를 지원하는 것입니다.

다양한 정부의 프로그램

다음으로, 경제 측면만이 아니라 생활 측면에서도 복지 센터를 운영하고 프로그램을 개발합니다. 공무원들이 많은 시간을 투입하여 은퇴자, 고령자를 위한 정책을 만들고 프로그램을 개발하고 실행합니다. 지역마다 주민들이 즐기고 외부 관광객이 찾을 수 있도록 행사를 하고 축제를 개최합니다. 평상시에는 복지 센터, 주민센터 체육 시설에서 활동할 수 있는 기반을 제공하고, 행사와 축제를 통해 변화도 주고 있습니다.

국민내일배움카드

정부는 국민들에게 교육 기회를 제공하는 정책으로 고용노동부와 산업인력공단을 중심으로 독특한 제도를 시행하고 있습니다. 국민내일배움카드는 은퇴를 앞둔 사람들과 은퇴자들에게 제공되는 대표적인 지원 제도입니다. 45세 이상의 직장인은 소득과 관계없이 발급받을 수 있으며, 은퇴 이후의 경제 활동을 위한 교육을 국가가 지원하는 제도입니다. QR을 이용해 접속하면 자세한 내용을 알 수 있습니다. 신규로 신청하는 경우 30분 정도 소요되며 카드를 만들 때 첫해에 연회비가 발생합니다.

경제적 약자에게 주는 기초 연금

다음으로 정부는 경제적 약자를 위하여 기초 연금을 제공합니다. 특히 이미 은퇴하신 분들은 국민연금 대상이 아닌 경우가 많아 기초 연금은 경제적 약자에게 버팀목이 되는 것입니다. 그런데 이 책을 읽는 분들은 대부분 직장인으로 국민연금에 가입되어 있을 것입니다. 그리고 일정 수준의 자산이 있는 경우에는 기초 연금에서 제외됩니다. 이 책에서는 4장에서 좀 더 다루고 있습니다. 자세한 내용은 QR을 참고하시면 됩니다.

문화 공간 제공

정부는 지역마다 경로당을 만들어 생활 공간을 제공합니다. 문화 센터에서는 다양한 프로그램을 제공합니다. 공원을 조성하고 걷기 길을 만들며, 주민들을 위한 다양한 문화 행사를 개최합니다. 덕수궁 옆에서도 공연과 같은 문화 활동을 하지만, 북악산 청운대 앞에서도 정기적으로 공연을 합니다. 지방자치단체들은 홀로 생활하는 독거 노인을 관리하기 위하여 정기적으로 방문하거나 주기적으로 반찬을 제공하기도 합니다. 이동이 불편한 경우 병원 등으로 이동할 때 도움을 주고 있습니다. 정부는 눈에 보이는, 눈에 보이지 않는 다양한 정책으로 국민들의 삶을 보호하려고 합니다.

06

불행한 은퇴를 막는 최소한의 준비

은퇴 후의 미래 생활 30년은 예측하기 어려운 여정입니다. 이 기간 동안 건강, 재정 그리고 외로움에 대한 준비는 종종 추상적인 조언으로 그치는 경향이 있습니다. 특히 은퇴자의 자산 관리는 더욱 섬세하고 전문적으로 접근해야 하며, 은퇴자는 자신의 재산을 정확히 파악하고, 가능한 대안들을 면밀히 탐색하여 최선의 계획을 세워야 합니다. 게다가 계획이 실제 상황과 다르게 전개될 경우, 유연성을 발휘하여 계획을 수정하고 적절히 대응하는 능력은 매우 중요합니다. 이러한 유연한 접근 방식은 은퇴자가 불확실한 미래를 보다 효과적으로 관리할 수 있도록 도와줍니다.

예상할 수 없는 미래 30년

은퇴자들은 지난 30년간의 변화를 돌아보며 '생각지도 못한 인생을 살았다. 현재의 세상은 상상조차 할 수 없었다'라고 이야기합니다. 인터넷과 스마트폰의 등장으로 세상은 극적으로 변화했고, 현재 Chat GPT, 인공 지능, 자율 주행의 발전은 우리가 상상할 수 있는 것을 넘어서고 있습니다. 코로나19, 비트코인 같은 예측 불가능한 사건들이 우리 삶을 바꾸어 놓았습니다.

지난 30년을 예측하지 못했던 것처럼, 미래의 30년도 어떤 모습을 하고 있을지 예상하기 어렵습니다. 기술의 발전과 세상의 변화는 가속화되고 있으며, 이러한 불확실한 미래에 우리의 은퇴 생활도 준비되어야 합니다. 과거가 우리에게 가르쳐 준 것처럼, 미래 역시 예상치 못한 변화로 가득 찰 것입니다. 이는 우리가 예상할 수 없는 미래에서 어떻게 살아가야 할지에 대해 현시점에서 준비하는 것에는 한계가 있다는 것을 의미합니다.

하지만 노후 준비가 부족하다고 느낄 수 있음에도 불구하고, 그렇다고 해서 두려워할 필요는 없습니다. 불확실한 미래를 맞이하는 것은 당연한 일이며, 중요한 것은 유연한 자세로 변화에 대응하고, 가능한 한 최선을 다해 준비하는 것입니다.

여윳돈은 없어도 여유 시간은 있다

누구에게나 동일한 시간이 주어집니다. 사람들은 각자 여건에 맞는 경제 활동을 합니다. 우리가 은퇴를 하면 직장 생활과 비교하여 우선 시간이 많아집니다. 그러나 경제 활동을 위해서는 나름 준비를 해도 항상 부족합니다. 사람들은 여윳돈이라는 것은 세상에 존재하지 않는다고 말하기도 합니다. 소득이 급감한 상황에서 남는 시간을 관리하면서 건강하고 행복하게 경제생활을 영위하면서 살아가는 것이 우리가 생각하는 은퇴 생활입니다. 이 책에서는 경제생활의 영위를 위한 자산 관리를 중심으로 알아보겠습니다.

계획하고 대응하는 은퇴 생활

우리는 미래를 알 수 없습니다. 다양한 가능성에 대해 생각해 보고 대비해야 합니다. 그리고 세상이 자기 갈 길을 가면 우리는 새로운 환경에서 새로운 대응을 해야 합니다.

30년 전에 스마트폰, 자율 주행, 평당 1억 아파트를 상상이나 했나요? 비트코인 1개가 1억 원이라고 합니다. 이러한 상황에서 우리가 어떻게 20년 뒤의 세상을 예상할 수 있을까요? 인생은, 나룻배를 타고 노를 저어 역류하여 거슬러 올라가는 것과 같습니다. 그런데 아무런 준비도 하지 않는다면, 아무도 도와주지 않는 노후에 비참한 결과를 마주할 수 있습니다.

우리는 현재의 정보에 기초하여 성실하게 준비하고 관리해야 합니다. 어쩌면 많은 고민을 하더라도 은퇴자의 선택이 결과에 미치는 영향이 작을 수 있습니다. 은퇴자에게는 고민하고 준비하는 것이 몫이며, 세상을 긍정적으로 바라보고 스트레스를 자초하지 말아야 합니다. 상황에 맞게 최선을 다해 대응하는 것이 중요합니다.

계속해서 수정해야 하는 은퇴 생활 계획

이제 우리는 은퇴합니다. 주요 수입원이 단절됩니다. 물론 지출도 줄겠지만, 앞으로의 경제생활이 가능할까요? 역설적으로 지금이야말로 더욱 구체적이고 실질적인 계획이 필요한 때입니다. 그리고 중요한 점이 있습니다. 계획을 세울 때는 항상 합리적이라고 생각합니다. 하지만 시간이 지나면서 합리적이라고 생각했던 계획이 무너지기도 합니다. 그래서 우선 계획을 세우지만, 어쩌면 그 계획을 수시로 수정해야 할지도 모릅니다.

은퇴는 우리 눈앞에 다가온 현실입니다. 이미 세상은 바뀌었습니다. 여러분이 인정하든 하지 않든 세상은 바뀌었고 앞으로도 계속 바뀔 것입니다. 계획을 세우고, 확인하고 수정하는 과정을 반복하는 은퇴 생활을 해야 합니다.

은퇴자 스스로 해야 할 질문

노후에 대한 준비 중에서 중요한 것은 우리가 놓치기 쉬운 가정에 대한 것입니다. 여러분들은 다음에 대해 어떻게 생각하나요? 그 답이 노후 생활의 준비에 대한 자산 관리를 위한 출발이 될 것입니다. 우리 함께 준비해 봅시다.

- 앞으로 경제는 지속적으로 성장할까요? 경제 성장률이 3%이고 물가 상승률이 3%이고 금리가 3%인 안정적 모습을 유지할 수 있을까요?
- 은퇴 자산으로 생활비를 감당할 수 있나요? 갑자기 지출할 일이 생길 때 대처할 수 있을까요? 질병, 사고가 발생할 때 비용을 감당할 수 있나요?
- 내가 준비한 연금은 물가 상승률을 반영하나요? 나의 은퇴 자산은 물가 상승률을 반영할 수 있나요?
- 나이가 들어 건강 관련 비용이 증가한다면 나의 은퇴 자산이 감당할 수 있을까요? 실손 보험료를 감당할 수 있을까요?
- 집이 있으며 관련된 비용을 감당할 수 있나요? 집이 없다면 주거 비용을 감당할 수 있나요?
- 부양의 책임이 남아 있나요?

2장

은퇴자를 위한 100일 플랜,
진단편

01

순자산:
순자산 파악하기

은퇴자의 자산은 현재 보유하고 있는 금융 자산, 부동산 그리고 동산으로 구성됩니다. 은퇴자에게 있어, 자산의 가치는 단순히 소유하고 있는 것이 아니라, 필요할 때 이를 생활비로 전환할 수 있는 능력에서 비롯됩니다. '구슬이 서 말이라도 꿰어야 보배'라는 속담처럼, 자산은 유동화할 수 있어야 진정한 가치를 지닙니다. 자산의 평가 가격이나 시장 호가보다는, 실제로 매각했을 때 받게 될 금액이 더 중요합니다. 이러한 처분 가능성이 바로 자산의 핵심입니다. 그뿐만 아니라, 수익을 창출하는 자산과 그렇지 않은 자산을 명확히 구분하고 관리하는 것도 필수적입니다.

은퇴자의 자산 포트폴리오

은퇴자는 우선 자신의 자산 상황을 파악해야 합니다. 은퇴자의 자산 포트폴리오는 직장 생활 30년의 성적표입니다. 세상일을 수치화하는 것은 한계가 있으며 자산 규모가 커야 행복한 것은 아닙니다. 행복은 성적순이 아니라고 하지 않나요? 우리는 자산 규모와 관계없이 열심히 살았고, 그래서 가족이 행복하면 그것으로 만족합니다. 주위의 다른 사람들과 비교할 필요가 없습니다.

그러나 은퇴자 입장에서 앞으로의 은퇴 생활 30년의 출발선은 확인해야 합니다. 30년 전에 직장 생활을 시작할 때 우리는 맨땅에서 시작했습니다. 지금은 크든 작든 비빌 언덕이 생겼다고 생각합시다.

진단을 시작하기 전에 우선 SNS를 꺼야 합니다. 21세기, 이제 세상이 지나치게 발달하여 우리를 피곤하게 만들고, 잘못된 기준을 갖도록 요구합니다. 나를 제외한 세상 사람들은 맨날 해외여행만 다니고, 비싼 와인만 마시고, 고민이라고는 없고 매일 무언가 자랑거리만 있어 보입니다. 하지만, 현실은 어떤가요? 평범한 사람들의 일상이 그럴 수가 있을까요? 사람들은 다 비슷합니다. 모두 이런저런 고민과 어려움이 있고, 남에게 말하기 불편한 지출 요인이 있습니다. SNS는 남에게 보여 주는 이미지일 뿐입니다.

은퇴자 자신을 위하여, 가족들과 함께할 30년 행복한 시간을 위하여 내가 비빌 언덕을 확인해 봅시다. 나는 급여 통장 하나와 대출이 남아 있는 집 한 채 그리고 10년이나 타고 다닌 차가 전부라, 파악할 자산도 없다고 생각하시나요? 그래도 책을 따라 확인해 봅시다. 10년 전에 숨겨 둔 비상금이 발견될 수도 있습니다.

금융 자산 파악하기

우선 금융감독원과 금융결제원의 도움을 받아 금융 자산을 파악합니다. 예금, 연금, 보험 그리고 대출을 확인합니다. 부동산도 조상 땅(내 토지) 찾기가 가능합니다. 어쩌면 돌아가신 할아버지께서 손주인 나를 위해 등기한 땅에 개발 소식이 있을 수 있습니다. 자동차 등의 동산도 있습니다. 숨겨 놓은 골프장 회원권은 없어도, 직장 생활을 하면서 쌓아 놓은 다양한 멤버십 포인트는 있을 겁니다.

마지막으로 미래의 수입도 점검해야 합니다. 다만, 미래 수입에 대해서는 보수적으로 접근하는 것이 중요합니다. 특히 투자와 같이 불확실성이 있는 예상 소득에 대해서는 원하는 금액이 아니라 객관적인 평가가 필요합니다.

TIP. 자산과 세금

자산의 실질 가치 평가에는 세금과 비용이 핵심 요소입니다. 예를 들어, 100억 원짜리 빌딩을 두 형제가 상속을 받아서 매각하면, 양도세와 증여세 납부 후 실제 수령액은 약 20~30억 원으로 줄어듭니다. 이는 명목 가치와는 크게 다른 실질 가치를 반영합니다. 또한, 서울의 한 아파트를 20년 전 2억 원에 매입 후 현재 10억 원에 호가가 나오면, 처음에는 이득인 것처럼 보이지만, 양도세 중과 제도를 고려했을 때 실제로 추가 현금이 필요할 수 있습니다. 양도세 최고세율이 45%에, 중과율 최고 30%가 적용되며, 지방세까지 포함하면 세율이 최대 82.5%(= 75% + 7.5%)까지 올라갈 수 있습니다. 이러한 세부 사항은 자산 관리에 있어 중요하게 고려해야 할 사항입니다.

대출 내역 파악하기

대출을 살펴볼 때, 은행이나 금융 기관에서 받은 대출뿐만 아니라 개인적으로 친구나 지인에게서 빌린 돈도 확인하고 정리하는 것이 중요합니다. 또한, 자신이 다른 사람에게 빌려준 돈도 점검해야 합니다. 우리는 종종 지인에게 빌려준 돈을 받지 못할 것으로 생각하고 마음속으로 상각 처리하곤 합니다. 예를 들어, 지인에게 3백만 원을 빌려줬지만 갚지 않는 경우가 있을 수 있습니다. 그러나 이러한 상황을 긍정적으로 바라보고, 그 돈으로 얼마나 잘 살 수 있을

지, 혹은 세상이 다른 방식으로 자신에게 보상해 주고 있다고 생각해 보는 것도 좋습니다. 마지막으로, 할부, 렌탈, 부양과 관련된 잠재 부채도 꼼꼼히 확인해야 합니다.

지출 현황을 파악하고 지출 원칙 세우기

각종 제세 공과금은 물론 다양한 비용이 나도 모르게 빠져나가고 있지는 않나요? 나의 작은 즐거움, 반려동물도 지출 항목입니다. 가계부를 별도로 쓰지 않으셨다면, 내가 매월 이렇게나 많이 쓰나 하실 겁니다. 이제 시작하는 은퇴 30년에는 직장에 다니던 30년과 다른 지출 원칙이 필요합니다.

예를 들어 직장에 다닐 때는 시간이 중요하여 택시를 탔지만, 이제는 건강을 위하여 지하철 계단을 오르내리고, KTX 우등석 대신에 KTX 일반석을 타거나 시간을 미리 확보하고 무궁화호를 이용할 수 있습니다. 또한, 브랜드 가치를 중시하기보다는 꼭 필요한 지출인지 생각해 보아야 합니다. 가끔은 스타벅스 같은 비싼 브랜드 커피를 마시지만, 평상시에는 저렴한 커피를 찾아 마시는 것도 좋습니다. 편하게 입을 티셔츠를 구입할 때 신상품을 고집하지 말고 할인점이나 재고 상품도 알아봅시다.

02

금융 자산 파악:
예적금, 부동산, 연금, 보험

은퇴자는 금융감독원의 홈페이지를 활용하여 자신의 금융 자산을 확인할 수 있습니다. 때때로 우리는 내 통장에 몰랐던 돈이 있다는 이야기를 듣지만, 이런 행운은 대개 남의 일입니다. 금융감독원 홈페이지는 우리의 금융 거래 내역을 확인하고 관리할 수 있는 유용한 도구로, 예금, 적금, 대출, 카드, 보험, 펀드 그리고 연금 등 다양한 금융 상품에 대한 정보를 제공합니다. 특히 예금과 적금, 대출, 보험 상품에 대한 현황은 홈페이지를 통해 직접 확인할 수 있어, 자산 관리에 큰 도움이 됩니다.

예금과 적금 그리고 순자산 규모 확인하기

예·적금은 금융결제원 홈페이지에서 계좌 정보 통합 관리 서비스로 금융 자산을 쉽게 확인할 수 있습니다(모바일은 QR을 통해 '어카운트 인포' 앱을 다운로드하셔서 금융 자산을 확인하시기 바랍니다). 그리고 계좌 해지 잔고 이전 서비스를 통해 정리할 수 있습니다. 계좌 정보 통합 관리 서비스 화면에서는 자동 이체, 카드 자동 납부, 내 오픈 통장을 확인하고 관리할 수 있습니다.

예금과 적금은 유동성 자금입니다. 투자 수익을 기대하는 측면보다는 만기, 상환의 시점을 중심으로 돈의 흐름을 관리하는 것입니다. 예·적금은 기간 이자를 반영하면서 시간에 대한 이동이 용이한

[그림 1-1] 금융결제원의 계좌 정보 통합 관리 서비스로 연결되는 예·적금

자산입니다. 금년에 1억 원이 1년 후에는 1억 300만 원이 될 것으로 예상할 수 있습니다. 6개월 후에 적금이 만기 되면 2천만 원이 됩니다. 6개월 후의 2천만 원은 지금 시점으로 보면 약 1,970만 원의 가치입니다.

2,000 / (1 + 3% × 6 / 12) = 1,970만 원

은퇴자는 예·적금에 대해서는 금융 자산의 50% 이내를 유지하면서 유동성 문제를 최소화해야 합니다. 만기를 다양화하고 가능하다면 금융 기관에도 분산 예치를 해야 합니다. 예를 들어 현금이 많아서 좀 더 이자율에 민감하다면 저축 은행을 찾을 것입니다. 이 경우에는 예금자보호법에 따른 보장을 전제하는 것이 맞습니다. 기간 이자를 감안하여 1년 만기는 4,800만 원, 2년 만기는 4,500만 원 정도씩 분산 예치하는 것이 원금과 이자를 보호받는 방법입니다. 저축 은행은 동일한 지점에서 여러 상품에 가입할 수 있으므로 부부가 4,500만 원씩 6~8개의 예금자 보호 대상 상품에 가입하는 것이 좋습니다.

금융 자산의 현재 가치

우리는 자산의 규모를 그 자산의 현재 가치(Net Present Value,

NPV)를 통해 파악할 수 있습니다. 현재 가치는 미래의 현금 흐름을 현재 가치로 환산한 것으로, 이를 통해 금융 자산이나 프로젝트의 가치를 평가합니다. 예·적금 같은 금융 자산의 경우, 할인율(보통 은행 이자율과 비슷)을 적용하여 현재 가치를 계산할 수 있습니다. 이는 미래 가치와 현재 가치 사이를 이자율을 반영해 계산하는 것을 의미합니다. 1만 원이 1년 후에는 10,300원이 되며, 반대로 1년 후의 1만 원의 현재 가치는 약 9,709원입니다.

10,000 / (1 + 3%) = 9,709원

다음 예시를 통하여 조금 더 자세히 알아보도록 하겠습니다(아래의 경우, 금융 자산의 현재 가치는 다음처럼 계산합니다).

- 은행 급여 통장: 4,400만 원
- 적금(6개월 후): 2,000만 원
- 예금(2년 후): 3,000만 원

* 은행 이자율 3.0%

$4,400 + 2,000 / (1 + 3\% \times 6 / 12) + 3,000 / (1 + 3\%)^2$

4,400 + 1,970.65 + 2,827.79 = 9,198.45

즉, 예금과 적금을 합한 자산은 9,198.45만 원입니다. 예금은 추가 납입이 필요하지 않지만 적금은 매월 추가 납입해야 하는 상품입니다. 정확하게 계산하려면 미납 불입액을 반영해야 합니다. 40만 원씩 5번을 더 납입해야 한다면 200만 원을 차감해야 합니다.

순자산 규모 확인하기

순자산은 자산에서 부채를 제외한 금액을 말합니다. 여기서 말하는 부채에는 금융 기관 부채, 할부 및 렌탈 비용 그리고 부양해야 할 가족 등으로 인한 잠재적 부채가 포함됩니다. 이러한 부채는 앞으로 지불해야 할 금액이며, 금융적 관점에서 보면 원금 상환 방식에 따라 계산이 다소 복잡해질 수 있습니다. 그러나 우리는 간단한 방법으로 이를 계산해 볼 것입니다. 이자율을 은행 이자의 두 배로 가정하고, 5년 후에 다시 검토하며, 부채가 많을 경우 계산보다는 상환에 집중해야 합니다.

- 상환 기간에 따른 부채의 현재 가치

* 만기 5년 이내 : 원금 + 6% × 상환 시점

** 만기 5년 이상 혹은 미정 : 원금 130%

예를 들어 3년 만기 2천만 원 대출은 부채가 2,360만 원(2,000

+6% × 3)입니다. 친구에게 빌린 돈 1천만 원은 부채 1,300만 원(1,000 × 30%)입니다. 순자산은 자산의 현재 가치에서 부채의 현재 가치를 차감합니다(부채에 대한 내용은 82p에서 다루겠습니다).

보험 확인하기

보험은 은퇴자에게 중요한 자산입니다. 보험 규모보다는 보장 기간과 보장 범위가 중요합니다. 보험은 생명 보험과 손해 보험이 있습니다. 생명 보험은 피보험자의 사망과 생존에 관한 보험 사고가 발생할 때 약정한 보험료를 지급합니다. 살아 있을 때는 아파서 돈을 벌지 못할 때 도움을 받습니다. 피보험자가 사망하면 유족에게 보험금이 지급되기도 합니다.

손해 보험은 피보험자의 재산상 손해를 보상하는 보험으로, 자동차 보험과 화재 보험이 여기에 속합니다. 실손 의료 보험은 질병이나 상해 치료 시 실제로 발생한 의료비를 보험 가입자에게 보상하는 상품입니다. 이는 복지 제도가 잘 갖춰진 회사에서 임직원이나 가족의 치료비를 지원하는 제도를 사회적으로 확장한 것으로 볼 수 있습니다. 보유한 보험을 확인할 때는 다음 사항들을 주의 깊게 확인해야 합니다.

- 보험료 납입 기간
- 보장의 기간과 범위

보험 가입 시, 예를 들어 60세까지 납입하고 70세까지 보장을 받는 상품이 있다고 가정해 보겠습니다. 현재 58세인 경우, 앞으로 2년 동안 보험료를 납부해야 하며, 보장 기간은 12년이 남아 있습니다. 그러나 70세 이후의 상황과 보장 범위에 대해서도 고민해야 합니다. 종종 보험 가입 시 모든 것이 보장되는 것처럼 느껴질 수 있지만, 실제로 보장 받기 어려운 경우가 많습니다.

병원에 입원했을 때 보험금 청구 방법에 대해 고민하는 것도 중요합니다. 보험 회사는 온라인이나 설계사, 혹은 FP(Financial Planner)를 통한 처리를 권장합니다. 자동으로 보험금을 지급하는 상품은 없기 때문에, 보험금을 받기 위해서는 적절한 절차를 밟아야 합니다. 은퇴자가 병원을 이용하는 경우, 병원과 보험사가 연계해 은퇴자의 동의를 받고 은퇴자의 통장으로 직접 송금해 주는 시스템이 이상적일 수 있습니다. 하지만 의료 정보는 민감하게 취급되기 때문에 이러한 시스템의 실현이 어려운 것이 현실입니다. 보험 회사들이 미수령 보험금에 관심을 가지고 있는 것이 아닐까 하는 우려도 있으나, 중요한 것은 보험 가입자의 권리와 보호를 최우선으로 하는 제도를 마련하는 것입니다.

보험을 관리하는 것은 중요합니다. 건강할 때 보험료를 내느라 소비도 못 했는데, 정작 아파서 보험금이 필요할 때 보험사의 소극적 태도로 활용하지 못한다면 답답할 것입니다. 보험 회사 입장에서도 소액의 보험료를 납부하는 개인에게 맞추어 제도를 실행하기도 어려울 것입니다. 은퇴자 스스로 보험을 관리해야 하는데, 평균 수명이 길어져서 건강 관리와 보험의 관계가 더 복잡해졌습니다. 수학의 미적분만큼이나 어려워 보입니다.

보험은 수익을 얻는 투자 상품이 아닙니다. 보험에 가입하면 경제적으로는 이론적으로도 평균적으로도 무조건 손실을 보게 됩니다. 보험 회사도 먹고살아야 하며, 우리에게는 보험에 가입함으로써 보장받는 위험에 대한 대비 효과가 보험의 가치입니다. 넉넉하지 않은 은퇴 자산으로 비경제적인 보험을 이용하여 은퇴 생활을 하려면 몇 가지 기준이 필요합니다.

보험 관련 점검 요인

보험은 납부한 보험료나 납부할 보험료도 중요합니다. 그런데 보험의 핵심은 보험료의 현재 가치가 아니라 보장 기간, 보장 범위 그리고 보험금(사고 발생 시 보상액)입니다. 은퇴자는 다음의 항목들을 확인해야 합니다.

- 언제까지 보험료를 납부해야 하나?
- 보장의 범위와 기간은 어떻게 되는가?
- 보장은 1회로 제한되는가?
- 해지하면 환급금이 어떻게 되는가?
- 보험금과 물가 상승률의 반영 여부

요약하면 보험료를 납부해야 할 기간과 보험을 통해 보장받는 기간을 확인하는 것입니다. 그리고 보장받는 범위를 확인해야 합니다. 나이가 들수록 질병이 발생할 가능성이 높습니다. 그런데 보장은 상대적으로 건강한 시기에 제한될 수 있습니다. 70세 이후에 보장받는 보험이 없다면 어떻게 해야 할까요?

보험의 특성

보험은 수익을 목적으로 하는 금융 상품이 아닙니다. 이는 투자 상품이 아니라 보험사가 다룰 수 있는 위험을 분산하기 위해 제공되며, 수명이나 질병 발생의 통계적 자료를 기반으로 보상합니다. 보험 회사도 운영 비용을 충당하기 위해 수수료를 부과하므로, 가입자 입장에서는 보험금 수령의 기대값이 통상적으로 마이너스가 됩니다. 그러나 낮은 확률이지만 보험금을 수령할 상황이 발생하면 큰 금액을 받을 수 있어, 감당하기 어려운 손실을 보완해 줍니다.

따라서 경제적으로 취약한 이들에게 보험이 더욱 필요합니다. 그러나 이들에게는 보험료가 부담이 될 수 있으므로, 정부는 건강 보험과 같은 정책을 통해 이들을 지원하고 있습니다.

다음으로 보험 클리닉과 관련하여 은퇴자가 알고 있어야 하는 내용입니다. 은퇴자들이 직장 생활을 하는 30년간 금리는 지속적으로 하락했습니다. 이는 과거의 보험에 적용되는 금리는 최근에 만들어지는 보험에 비해 높다는 의미입니다. 원칙적으로 과거의 보험이 보장성이 좋을 수밖에 없습니다. 이는 보험 클리닉이 과거의 보험이 놓친 범위를 보장하거나 보장 기간을 늘리는 것은 도움을 주겠지만, 사실상 동일한 보험인데 보장 내용이 좋아지기는 어렵다는 의미입니다. 보험 회사는 과거보다 낮은 이자율로 자금을 관리하기 때문에 수익을 상당히 포기하더라도 과거보다 좋은 조건의 보험을 제공하기 어렵습니다. 금리가 8%인 시장과 금리가 3%인 시장이 있다면, 금리가 8%인 시장에서 보험의 보장 내용이 좋아야 합니다.

보험은 일반적으로 보험금을 수령하는 상황이 발생하면 보험료 납입을 면제해 줍니다. 이것은 가입자에게 유리합니다. 그런데 보험금을 1회로 제한하는 경우가 있습니다. 암과 관련하여 1회 진단비를 제공합니다.

은퇴자의 핵심 소득 연금 확인하기

연금은 가장 일반적으로 현금 흐름을 만들어 주는 은퇴자의 핵심적인 소득입니다. 국민연금은 직장 생활 30년을 했으면 가입이 되어 있을 것입니다. 우선 은퇴자는 국민연금에 가입되어 있는지, 현재 기준으로 예상 수령액이 얼마인지 확인해야 합니다. 정확한 금액은 국민연금 홈페이지에서 확인할 수 있습니다. '국민연금 수령액'이라고 검색해도 바로 찾을 수 있습니다(정기적으로 국민연금에서 우편물로 보내 주고 있습니다).

금융감독원 홈페이지에서는 연금을 조회할 수 있습니다. 은퇴자들을 위하여 이미 금융감독 당국이 준비했습니다. 은퇴자들은 이 자료를 확인하면 됩니다. 국민연금과 퇴직 연금, 개인연금을 확인하고, 은퇴자가 연령별로 수령할 연금액을 확인해야 합니다.

은퇴자가 연금과 관련하여 가장 일반적으로 하는 고민은 이것입니다. 61세에 은퇴했는데 국민연금을 수령하는 65세까지 4년간 어떻게 생활할 것인가, 퇴직금이나 모아 놓은 자산을 허물어야 하는가입니다. 퇴직금도 퇴직 연금으로 전환한 경우 개인연금의 도움을 받기도 합니다. 10~20년 전에 55~60세까지 지급하는 징검다리 연금이 판매되기도 했습니다. 필자도 가입자입니다.

경제적 약자를 위한 기초 연금과 보유 주택을 이용하는 주택 연금도 모두 확인할 수 있습니다. 이에 관해서는 3장에서 다루겠습니다.

부동산 확인하기

비행기를 타고 하늘에서 서울을 내려다보면 집이 참 많습니다. 경부고속도로를 타고 지방을 내려가다 보면 고속도로 양옆으로 집이 너무도 많습니다. 저 많은 집 중에 여러분은 한 채쯤 가지고 있으신가요? 주택 소유 비율이 50% 전후이지만 은퇴자는 좀 더 높은 비율로 집을 가지고 있을 것입니다.

부동산 관련하여 우선 대출 여부를 점검해야 합니다. 질문을 드리겠습니다. 보유하고 있는 집이 은퇴자 소유인가요? 은행 소유인가요? 영끌을 해서 집을 산 사람들은 신발을 신고 벗는 공간만 나의 소유이고 나머지는 은행 소유라는 웃지 못할 농담도 합니다. 간접 대출도 있습니다. 대출 규제로 부동산 담보 대출이 아니고 신용대출을 받은 경우에도 자산 관리 측면에서는 부동산 연계 대출입니다.

은퇴하고 월세라도 받으려고 작은 빌라나 오피스텔을 보유한 경우가 있습니다. 이 경우에는 대출과 함께 전세금과 보증금이 모두 대출인 셈입니다. 3억 원을 호가하는 빌라인데 반전세로 보유 중입니다. 전세금 1억 원에 월세를 매월 50만 원씩 받고 있습니다. 빌라를 팔면 2.7억 원 정도 받을 수 있습니다. 살고 있는 집이 있어 양도세가 발생합니다. 이 경우 은퇴자에게 이 집의 가치는 얼마인가요?

다음은 부동산의 수익성 관련입니다. 보유한 부동산이 수익성 자산인가 무수익성 자산인가는 은퇴자에게 중요합니다. 지방의 임야는 무수익성 자산일 가능성이 높습니다. 친구들과 돈을 합해 지방에 작은 빌라를 구입하여 놀러 갈 때 사용한다면 수익성이 아닙니다. 상가나 작은 빌라 혹은 오피스텔을 보유하고 있어도 전세로 운영하면 현금 흐름이 없어 무수익 자산입니다. 정확하게는 이자를 주지 않는 대출입니다. 대출 대신 전세금을 받은 셈입니다. 전세금이라 이자는 납부하지 않지만 가격 상승이 없으면 자산 규모가 크더라도 경제적으로 효율적이지는 못합니다. 보유세도 내야 하고 전세금의 이자를 법정 이자율을 이용해 간주 소득으로 계산하여 임대 소득세도 납부합니다(전세금은 일정 금액, 3억 원을 차감해 줍니다). 일반적으로 집을 담보로 대출을 받으면 이자율이 낮고 월세는 조금은 더 높은 이율로 받을 수 있습니다. 그러나 작은 집 하나만 있는 경우 대출 관련 비용도 있고, 월세에서 세금을 납부해야 합니다. 담보 대출이 있는 집은 세를 놓기도 조금 어렵습니다.

나의 토지도 금융 자산과 마찬가지로 전산화가 되어 인증서를 이용하여 찾을 수 있습니다. '내 토지 찾기'라고 검색해도 됩니다. 국토교통부의 K-Geo 플랫폼을 이용하면 내 토지 찾기와 함께 조상 땅 찾기도 가능합니다.

부동산 자산과 세금 사례

서울에 작은 아파트가 있습니다. 호가가 10억 원 합니다. 5억 원에 구입했으니 앉은 자리에서 5억 원이나 벌었습니다. 그런데 주택 담보 대출이 1억 원 있습니다. 주택을 구입한 지 5년밖에 안 되어 당장 집을 팔면 9.4억 원 정도에 팔아야 하고 양도세를 4천만 원 정도 납부해야 합니다. 이 집은 얼마짜리인가요? 정답은 8억 원입니다. 집을 다운사이징하려면 8억 원으로 생각하고 시작해야 합니다. 내 집을 10억 원이라고 생각하지만, 실제 자산은 8억 원인 것입니다. 이론적으로 8억 원짜리 집으로 이동할 때 이사 비용과 부동산 수수료, 취등록세 그리고 인테리어 비용이 추가로 발생합니다.

소득이 급감한 은퇴자로서 쉽게 의사 결정을 내리기 어려운 이유가 여기에 있습니다. 다만, 1가구 1주택의 경우 양도세가 다를 수 있습니다. 위의 예시는 세금을 확인해야 한다는 것을 설명하기 위한 것입니다. 예외적인 사례이지만 외국에서 6개월 이상 생활한 경우, 국내에 있는 집을 팔고 다운사이징한다면 중과세 부과 여부도 확인해야 합니다.

기타 자산 확인하기

은퇴자 중에서 경제적 여유가 있는 경우 동산이나 권리를 자산으로 보유하고 있을 겁니다. 기타 자산으로 미술품 등의 동산이나 골프 회원권 등의 권리, 저작권료가 있습니다. 그러한 자산에 대해서는 현금 유입이 있는지와 처분 가치를 파악해야 합니다. 상대적으로 여유가 있을 가능성이 높으며, 남들보다 덤으로 가진 자산이라, 은퇴 생활의 자산 관리에서 우선순위를 두지는 않을 것입니다. 골프 회원권, 리조트 회원권이 있는 경우 일반적으로 경제적 여유가 있을 것입니다. 의미 있는 저작권료를 받는 경우라면 안정적 소득이 있는 것이므로 은퇴자의 자산 관리 측면에서 유용합니다.

수익 자산과 무수익 자산

우리가 자산을 보유하는 이유는 수익을 얻기 위함입니다. 수익은 정기적으로 이자나 배당으로 수령합니다. 그리고 자산 가격의 상승에 따라 자본 소득이 발생합니다. 예를 들어 1억 원은 은행에 입금하면 1년에 300만 원 정도 이자가 발생합니다. 주식 1억 원 규모를 가지고 있을 때는 배당 500만 원이 발생합니다. 구조화 상품인 파생 결합 증권을 보유하고 있으면 연 4.8%의 수익을 기대합니다. 풍력 발전소에 투자하는 대체 펀드에서는 연 7% 수익을 기대합니다. 맥쿼리인프라 주식을 보유하고 있으면 연 5%의 수익을 기대합니다. 삼성전자 1,000주를 주당 5만 원에 매입했다가 7만 원에 매각했습니다. 주당 2만 원, 전체 2천만 원의 투자 수익이 발생합니다.

부동산의 경우 임대 소득이 발생합니다. 3억 원을 투자한 오피스텔에서 월 100만 원의 임대료를 받습니다. 연간 4% 수익이 발생합니다. 5억 원을 투자한 상가에서 월 250만 원의 임대료를 받습니다. 연간 3천만 원이고 연 6% 수익률입니다.

반면 무수익 자산도 있습니다. 우선 보유하고 실거주를 하는 주택은 무수익 자산입니다. 오히려 비용이 계속 지출되는 구조입니다. 비트코인도 무수익 자산이며, 미술품이나 도자기 모두 무수익 자산입니다. 일부의 경우 보유한 미술품이나 도자기를 임대해 주고 수수료를 받을 수는 있지만 특이한 경우입니다. 비트코인도 빌려주고 수수료를 받을 수 있습니다.

03

부채 파악:
다양한 부채의 종류

은퇴자는 다양한 부채를 가질 수 있습니다. 가장 흔한 부채 유형은 대출이며, 이는 금융 기관이나 개인으로부터 빌린 돈을 포함합니다. 두 번째 유형은 할부와 렌탈로, 지출이 확정되어 있어 대출과 유사하게 볼 수 있습니다. 세 번째는 잠재 부채인데, 부양 관련 부채가 대표적입니다. 이러한 부채는 규모가 예측하기 어렵고, 피할 수 없는 지출로, 일반적으로 은퇴자의 생활비에는 반영되지 않는 돈입니다. 순자산을 계산할 때 이러한 부채를 고려하면, 대부분의 은퇴자들은 은퇴 자금이 부족하다고 느낄 것입니다. 사실, 돈은 항상 부족하게 느껴집니다.

부채에 대한 올바른 인식

일반적으로 사람들은 부채에 대해 지나치게 부정적인 시각을 가지고 있습니다. 대부분 자신의 자산과 소득으로 생활하기를 희망하지만, 이것이 현실적으로 가능할지 의문입니다. 대한민국에서 평균적인 자산과 월급으로 가정을 이루고 자녀를 키우며 집 한 칸을 마련하는 것이 과연 가능할까요?

대부분의 사람들은 금수저가 아니고, 소득만으로는 생활하기에도 부족합니다. 그렇다면 어떻게 더 나은 소비를 하고 자산을 모을 수 있을까요? 차입 없이는 가능할까요, 아니면 다른 방법이 있을까요? 이자 부담과 투자 자산의 평가 손실이 우리 삶을 어렵게 만들 수 있으며, 이는 개인적 스트레스, 가정 불화, 때로는 파산까지 이르게 할 수 있습니다.

부채는 다이너마이트와 비교될 수 있습니다. 다이너마이트는 도로나 터널을 만드는 데 매우 유용하지만, 악의적으로 사용하거나 잘못 다룰 경우 살상 무기로 변할 수 있습니다. 다이너마이트가 없으면 관련 사고도 없어질 것입니다. 하지만 그렇다고 해서 다이너마이트의 사용을 완전히 배제할 수는 없습니다. 위험을 잘 관리하고 필요할 때 적절히 사용하면 문제가 없습니다.

부채를 이용해 자산에 투자할 때는 투자 기간, 기대 수익 그리고 소득과 현재 자산에 기초한 현금 흐름을 우선적으로 파악해야 합니다. 또한, 최악의 시나리오를 고려하여 위험 관리를 하는 것이 필수적입니다. 즉, 부채는 단순히 피해야 할 대상이 아니라 조심스럽게 관리해야 할 위험 요소입니다.

대출 확인하기

정확하게 표현하면 돈을 빌려주는 것이 대출이고, 돈을 빌리는 것은 차입입니다. 은행이 대출하는 것이고, 우리는 차입하는 것입니다. 그러나 관행적으로 차입을 하면서 대출이라고 표현하고 있기 때문에 오히려 대출이라는 표현이 편할 수 있습니다(해당 도서에서는 독자에 이해를 위해 대출과 차입을 혼용하여 사용하도록 하였습니다). 금융감독원 홈페이지에서 나의 대출을 확인할 수 있습니다. '기존 대출 내역 조회'를 선택하면 금융결제원의 계좌정보 통합관리 서비스로 연결하여 내역을 확인할 수 있습니다.

은퇴자에게 대출은 세 가지가 있습니다. 우선 부동산과 관련된 담보 대출입니다. 두 번째로 생활비를 위한 신용 대출입니다. 누구나 직장 생활을 하면서 마이너스 통장은 하나쯤 사용했을 것입니다. 세 번째는 개인 간의 대출입니다. 5백만 원을 빌렸다면, 당연히 금융감독원이나 금융결제원 사이트에서 확인할 수 없습니다. 은퇴자가 외벌이라면 소득이 없는 가정주부인 부인이 언니나 여동생에게 부탁해 급한 돈을 사용했을 수 있습니다.

은퇴자는 대출에 대해 다음을 정리해야 합니다.

- 대출 규모(1.5억 원: 주택 담보 대출 1억 원, 은행 마이너스 통장 3천만 원, 카드론 1천만 원, 친구에게 빌려준 돈 1천만 원)
- 지급 이자율(1억 원 – 연 4%, 3천만 원 – 6%, 1천만 원 – 연 15%, 1천만 원 - 연 10%)

* 연간 지급 이자(연 830만 원 = 400만 원 + 180만 원 + 150만 원 + 100만 원)

* 월 70만 원 수준(69.17만 원 = 830만 원/12)

- 상환 일정 및 중도 환매 수수료(생략)

제 4장에서 부채의 상환에 관한 내용을 다시 다루겠습니다.

할부 구입과 렌탈 확인하기

우리 생활 속에는 알게 모르게 대출이 자리 잡고 있습니다. 가장 대표적인 것이 자동차 할부입니다. 명칭은 렌탈이지만 일정 기간 렌탈 비용을 납부하면 소유권을 받는 거래는 사실상 대출로 봐야 합니다. 만약 6,000만 원짜리 차량을 6년 할부로 구입했고 2년 지났으면 부채가 4천만 원입니다. 600만 원짜리 안마 의자를 5년간 렌탈하고, 기간이 절반 지났으면 채무는 300만 원입니다. 피부 관리를 위한 마스크, 정수기 그리고 요즘에는 침대의 매트리스도 렌탈합니다.

월세를 살고 있다면 향후 지불할 월세도 부채로 보아야 합니다. 홈쇼핑을 이용해 할부로 해외여행을 다녀왔습니다. 좋은 추억은 만들었지만, 부채가 발생했습니다. 홈쇼핑으로 구입하는 할부는 모두 부채입니다. 그럼 핸드폰 요금과 케이블 TV 그리고 OTT 요금도 부채로 보아야 할까요? 생활비의 지출 항목으로 관리하겠지만, 성격은 대출과 동일합니다.

잠재 부채: 부양

은퇴자는 누군가의 부모이고, 부양의 의무가 있습니다. 자식이 학생이면 교육비가 발생합니다. 사회생활을 시작하면 조그만 방이라도 하나 구해주고 싶습니다. 자식이 결혼할 때 남부럽지 않게 지원하고 싶은 것이 부모 마음입니다. 자식이 성장하여 자영업이나 사업을 하겠다고 합니다.

우리나라 어떤 법에도 이런 경우 부모가 자식에게 어떤 범위까지 지원하라고 정하지 않습니다. 아마 지원을 해도, 지원하지 않아도 관계가 서먹해지는 순간입니다. 피하고 싶지만 피할 수 없을지 모릅니다. 은퇴자 입장에서, 부모로서 미래에 지출해야 하는 돈이 많습니다. 어디까지를 부채로 보아야 할까요? 정답은 없으며 자신의 노후 생활을 감안한 결정을 해야 한다는 원론에 이견은 없을 것입니다.

은퇴자들에게는 자식과 함께 부모님이 잠재 부채가 될 여지가 많습니다. 은퇴자로서 넉넉하지 않은 경제생활이지만 시골에 계신 부모님이 서울의 병원을 찾고, 한두 가지 병의 진단을 받으시면 시간과 비용이 발생합니다. 특히 부모님이 병간호가 필요할 때 간호 보험이 있는 경우는 거의 없을 것입니다. 지금의 은퇴 세대는 부모 부양에 대해 나 몰라라 할 수 있는 세대도 아닙니다. 부모님의 경제적 노후도 지원해야 합니다. 이것은 자산 관리 측면에서 은퇴자에게 잠재 부채입니다.

순자산과 순 부채

은퇴자의 자산이 부채보다 많으면 순자산 경제입니다. 자산이 부채보다 적으면 순 부채 경제입니다. 부채에 금융 기관의 부채만이 아니라 할부와 렌탈 그리고 잠재 부채를 반영한다면 순 부채 경제가 많을 것입니다. 그럼 순 부채 경제는 어떻게 대응해야 할까요? 여기서는 일단 확인과 점검만 해 보겠습니다. 해결책은 다음 단원에서 함께 알아보겠습니다.

04

현재 지출 파악: 고정·변동 지출 분석

은퇴 이후의 경제적 자립과 지속 가능한 삶을 유지하기 위해서는 은퇴자들이 자신의 소비 습관과 지출 관리에 특별한 주의를 기울여야 합니다. 개별 소비 사건에 집중하기보다는, 전체적인 소비 패턴을 이해하고 이에 기반하여 총체적인 지출 관리를 하는 전략을 개발하는 것이 중요합니다. 이러한 접근 방식은 은퇴자가 재정적으로 안정된 삶을 유지하도록 돕고, 불필요한 지출을 줄이며, 장기적인 재정 계획을 세울 수 있는 기반을 마련합니다.

따라서, 은퇴자는 자신의 소득과 지출을 면밀히 모니터링하며, 필요 이상의 소비를 피하는 동시에 절약과 투자에 더욱 집중해야 합니다. 이는 은퇴 후의 생활을 보다 안정적으로 만들고, 미래에 대한 불확실성을 최소화하는 데 큰 도움이 될 것입니다.

지출의 기준: 가격과 필요성

누구나 운동화 한 켤레를 10만 원에 살 수 있습니다. 그렇지만 정가 25만 원짜리 운동화를 10만 원에 판매한다고 100켤레를 살 필요가 있을까요? 스타벅스에서 하루만 50% 할인한다고 하루에 커피를 100잔 마실 수가 있나요? 물건 가격이 가성비가 있다고 분석하는 것은 문제가 아닙니다. 그러나 온 세상의 가성비 좋은 제품을 구입하는 것은 문제입니다. 그런데 혹시 우리는 이런 비합리적인 소비를 하고 있지는 않나요? 간만에 백화점에 갔더니 할인해 준다고 하여 이것저것 사지는 않았는지 돌아보아야 합니다.

지출 항목과 지출 가능 금액

은퇴자는 월별 지출 금액을 관리해야 합니다. 그리고 지출 금액에서 지출 항목의 우선순위를 정해야 합니다. 살다 보면 불가피하게 한도를 넘을 수 있습니다. 그때는 그것을 확인하고 이후의 지출에서 보완해야 합니다.

은퇴를 해서 그런 것이 아니라 평범한 우리는 지난 30년 동안 직장 생활을 할 때도 그랬습니다. 다만 이제는 후유증이 더 크다는 것을 인지하면 됩니다. 은퇴자가 지출 항목을 정하고 지출 금액을 관리할 수 있을까요? 지출 금액을 결정하고 그 금액 범위 안에서 지출 항목을 결정하는 것이 경제적으로 적절합니다. 우리는 마치 과거에는 화양연화가 있었고, 잘 나갈 때가 있었던 것처럼 표현하지만 대부분의 30년간 직장 생활은 항상 부족한 돈으로 사는 인생 아니었을까요?

지출을 파악하는 것도 중요하지만, 은퇴 이후에는 지출 가능 금액을 먼저 파악해야 합니다. 그리고 지출 금액은 나의 순자산을 감안해야 합니다. 물가가 오르면 제한된 지출 금액으로 지출이 위축될 것입니다. 자산 관리에서 명목 금액이 증가하면 지출 금액을 늘려야 하겠습니다. 은퇴자가 정기적으로 자산을 점검하고 지출을 확인해야 하는 이유입니다.

지출 항목의 구분

은퇴자가 지출해야 하는 지출 항목을 이렇게 구분해 보겠습니다. 은퇴자 입장에서 항목의 구분 기준에는 동의하나 구체적인 항목에는 생각이 다를 수 있습니다. 은퇴자의 생각이 우선입니다.

우선 줄일 수 없는 항목입니다. 줄이더라도 가장 나중에 줄이고 싶은 항목입니다. 생활비, 주거비, 모임 회비 그리고 부양 관련 비용입니다. 다음으로 줄일 수는 있는 항목입니다. 직장 생활을 30년 동안 하고 은퇴했는데 줄이고 싶지 않습니다. 문화 활동과 취미 관련 비용과 건강 관련 비용입니다. 그리고 반려동물 관련 비용입니다. 나 자신을 위해 이 정도는 쓰고 싶습니다.

세 번째는 줄일 수 있고, 줄여야 하는 지출 항목입니다. 과시형 소비, 사치성 소비가 해당합니다. 우리가 사회생활을 하면서 다른 사람에게 인정받기 위해 피할 수 없는 지출이 있습니다. 나는 전주 한옥마을에 가고 싶은데, 모두들 비행기 타고 해외여행을 갑니다. 가을바람이 부니 주위 사람들이 명품 목도리를 구입합니다. 골프를 치러 갔더니 모두들 골프채를 신상으로 교체했습니다. 사회적 체면과 타인이 보는 눈을 의식하면서 하는 지출입니다.

문화 활동, 취미

은퇴자의 문화 활동과 취미는 지출 측면에서, 실제 비용의 확인과 효율적 지출이 중요합니다. 실제 비용이란 장비가 조금 비싸지만 오래 사용하여 추가적 지출이 적은 경우도 있습니다. 어떤 취미는 동호회 모임이 음식과 음료를 중심으로 한 단합에 초점을 맞추어 비용이 많이 들 수 있습니다. 효율적 지출이란 100대 명산을 다니는 취미가 있다고 했을 때, 자차 운전이면 힘도 들고 주유비와 통행료가 필요하기에 산악회에서 운영하는 우등버스를 이용하는 지출을 말합니다.

대부분의 사람들은 은퇴하면 품위 있게 문화 활동을 하고 싶을 것입니다. 비용이 좀 들더라도 즐겁고 행복한 취미 활동을 하고 싶습니다. 그러나 지출 금액에 제한을 받아 위축됩니다.

'인생이 뭐 있나, 은퇴하고 즐기면서 편하게 살아야지'라는 것이 은퇴자 대다수의 생각일 것입니다. 그러나 현실은 은퇴를 해도 돈을 벌어야 하고, 빚에 쪼들려야 할지 모릅니다.

문화 활동과 취미에의 지출이 녹록하지 않을 수 있습니다. 은퇴자는 자산 관리를 통해 월간 생활비를 먼저 확인하고 불가피한 지출을 감안하여 문화 활동비나 취미 활동 비용을 결정해야 합니다. 그러나 다시금 강조하지만 여윳돈은 없습니다. 따라서 은퇴자는 양보할 수 없는 최소한의 문화 활동비와 취미 비용을 확보해야 합니다. 예를 들어, 두 달에 한 번 뮤지컬 공연이나 콘서트에 가고 즐거운 취미인 골프를 한 달에 한 번으로 합니다. 그런데 그 비용이 부담스럽다면 비용을 줄이는 방향을 선택해야 합니다. 여기서는 선택한다는 표현을 쓰겠습니다. 자식이 결혼하고 손주라도 생기면 손주에게 먼저 돈을 쓰게 될 겁니다.

그리고 문화 활동과 취미에 드는 비용을 줄이는 방법이 있습니다. 뮤지컬이나 콘서트는 TV나 유튜브를 활용합니다. 보고 싶은 작품도 좋지만 볼 수 있는 작품도 문제 없습니다. 예를 들어 EBS에서는 좋은 공연을 자주 보여 줍니다. 유튜브를 이용하면 시간에 관계없이 좋은 공연을 볼 수 있습니다. 골프는 분기 1회로 줄이고 스크린 골프를 이용합니다. 혹은 조기 축구나 등산처럼 비용이 적은 취미에 재미를 붙여야 합니다.

건강 관련 지출

은퇴자에게 가장 중요한 지출입니다. 어쩌면 정답이 없는 지출일 수도 있습니다. 건강 관련 지출을 아끼다 건강을 잃으면 백해무익입니다. 삶 자체나 존재를 위협받는 것입니다. 건강을 잘 관리하면서 효율적으로 건강 관련 지출을 사용하는 것이 은퇴자들에게 가장 중요한 과제입니다.

은퇴를 한다는 것은 나이가 들었다는 것입니다. 나이가 들면 노화와 질병이 함께 찾아옵니다. 30년 직장 생활 동안 너무도 아깝게 지불했던 건강 보험료가 이제는 도움이 되기 시작합니다. 아프지 않은 데가 없습니다. 비싼 돈을 주고 건강 검진을 하면 한두 가지 질병의 소견을 듣게 됩니다. 스스로 노화라고 생각하고 싶지만 이런저런 약을 먹기 시작하고, 정기적으로 병원을 가게 됩니다. 병원을 한두 번 다니다 보면 아픈 사람이 많이 보입니다. 그 사람들과 이야기를 하다 보면 나도 아픈 것 같습니다. 혹은 나는 저 사람들처럼 아프지 말아야겠다고 생각합니다.

은퇴자에게 중요한 것은 앞으로의 건강한 삶입니다. 건강한 사람들끼리 이야기할 때는 아무 문제가 아니었습니다. 직간접적으로 아픈 사람, 아팠던 사람 얘기를 들으면 나도 많은 준비를 하게 됩니다. 예를 들어 나이가 들면 누구나 무릎에 이상이 올 수 있고, 당뇨가 올 수 있습니다. 고지혈증이 문제될 수도 있습니다. 누구도 자신 있게 문제없다고 주장할 수 없습니다. 이제 자녀들의 사교육에서 겪었던 동일한 문제를 겪습니다. 특히, 그간 골고루 섭취하지 못한 영양소로 인한 영향이 나타나기 시작합니다.

- A 씨는 친구가 무릎을 지키기 위해 영양제를 먹는다고 합니다. 검색해 보니 영양제 종류도 다양합니다.
- B 씨의 말을 듣고 당뇨 예방약을 검색하니 너무 많습니다.
- C 씨는 고지혈증 이야기를 듣고 음식을 조절하려니 비용이 추가됩니다. 음식만이 아니라 예방약도 많습니다.
- D 씨는 몸의 균형적인 영양 섭취를 위하여 칼슘과 마그네슘 그리고 비타민 D를 먹는다고 합니다.

여기서 중요한 점은 위의 예시가 치료제가 아니라는 것입니다. 은퇴 후 실제로 아파서 치료가 필요할 수 있지만, 건강하다 하더라도 예방약에서 자유롭기는 어려울 것입니다. 건강 보험의 혜택을 받는 치료제는 대부분 1~2만 원으로 해결할 수 있지만, 건강 보험 적용을 받지 못하는 예방약은 최소 5~10배의 비용이 들 수 있습니다.

은퇴자가 무시할 수 없는 것이 실손 보험입니다. 우리 사회에서 실손 보험은 건강 관련 비용을 폭증시켰습니다. 실손 보험이 없던 때에는 애써 치료를 하지 않거나 간단하게 넘어갈 치료가 고비용 시술이 된 사례가 많습니다. 아마 녹내장, 백내장도 그 중 하나일 것입니다. 수십만 원으로 해결되던 비용은 수백만 원으로 올랐습니다. 물론 기술적으로 차이가 있고 더 안전할 것입니다. 그러나 실손 보험이 비용을 올린 측면을 부정할 수 없습니다.

문제는 은퇴자가 개인적으로 실손 보험이 없거나 보험료가 부담이 되는 경우입니다. 은퇴자의 경우 나이가 들면서 실손 보험료가 크게 오르기 때문에 실손 보험을 유지하려니 보험료가 비싸고, 해약하자니 몸이 아플 일이 걱정됩니다. 은퇴하면 즐기면서 살고 싶었는데 이것저것 생각할 것이 많습니다.

반려동물 관련

은퇴자에게 반려동물은 어떤 존재인가요? 함께 시간을 보내 주고 외로움을 덜어 주는 고마운 존재입니다. 어떤 경우에는 가족보다 낫다, 자식보다 낫다고 합니다. 은퇴 생활비에 여유가 있다면 우리는 고민을 하지 않습니다. 그러나 반려동물과 관련된 비용이 점차 증가하는 추세이므로, 한 번쯤 냉정하게 생각해야 합니다.

얼마 전 뉴스에서 동물용 유모차 판매량이 사람용 유모차 판매량을 추월했다고 합니다. 문 밖을 나서면 애견 백화점, 애견 호텔 혹은 애묘 수영장 간판도 볼 수 있습니다.

반려동물은 사람은 아니지만 우리가 책임지고 관리해야 할 대상입니다. 다른 지출과 달리 감정에 결부되어 있습니다. 상호 간의 관계가 영향을 줄 수 있습니다.

평균 지출액 정리하기

은퇴를 앞두거나 은퇴 후에는 지출 내역을 최소 3개월 동안 정리해 보는 것이 좋습니다. 대부분의 지출은 신용 카드나 체크 카드를 통해 이루어지며, 제세 공과금과 조카들에게 주는 용돈 같은 항목도 통장을 통해 확인할 수 있습니다.

우선 자동 이체 내역과 규모를 확인해야 합니다. 매월 지출하는 보험료, 통신료, 관리비, 전기·수도 요금(상하수도는 격월)이 있습니다. 줄이기 힘든 지출입니다.

신용 카드, 경조사비, 각종 모임의 회비, 외식비, 문화 활동비는 줄일 수 있을까요? 비정기적인 지출도 많습니다. 여행, 의류비 그리고 부양과 관련된 지출이 있습니다. 3개월 정도 지출 내역을 확인하면 은퇴자 스스로 줄일 수 있는 항목과 줄이기 어려운 항목이 구분됩니다. 그리고 인지하지도 못한 지출 금액에 놀랄 것입니다. 부부 가구의 3개월간 지출이 다음의 상황이라면 은퇴자는 어떤 결정을 해야 할까요?

- 기초 생활비(관리비, 가스, 전기 포함) 매월 50만 원
- 자동차세, 자동차 보험료, 재산세(연간) 매월 50만 원
- 생활비(주 1회 장보기) 매월 60만 원
- 용돈(대중교통, 식사, 모임 등) 매월 80만 원
- 보험료(실손 보험 포함) 매월 40만 원
- 경조사비(교통비 포함) 매월 50만 원
- 취미(사진 찍기 출사, 모임 회비 포함, 헬스) 매월 30만 원
- 문화 활동비(영화, 뮤지컬, 책 구입) 매월 20만 원
- 여행(연간 비용 600만 원 배분) 매월 50만 원
- 반려동물 매월 20만 원
- 홈쇼핑, 의복비 매월 20만 원
- 부모님 용돈 매월 40만 원
- 두 아이 학비(1,800만 원/12)와 용돈 (100만 원) 매월 250만 원

합계는 매월 510만 원입니다. 아이 학비와 용돈을 합하면 월 760만 원입니다. 여기에 미래를 위한 저축은 없습니다. 어떤 항목이 비현실적이고 줄일 수 있나요? 항목별로는 적절해 보이지만, 지출의 총합은 감당하기 어려운 규모입니다. 은퇴자들이 생각하는 이상과 현실의 차이일까요? (예시에는 은퇴자가 필요할 수 있는 지출 항목을 포함했습니다. 개인의 실제 지출과는 차이가 있을 수 있음을 유념해 주시기를 바랍니다.)

기초 연금을 계산할 때 자연적 소비 차감액이 있습니다. 가구당 소비 금액의 예시로 볼 수 있습니다. 2024년 기준으로 단독 가구 월 2,357,329원, 부부 가구 월 2,864,957원입니다. 위의 예시와 차이가 있습니다. 은퇴자는 각자가 항목별로 비교해 보면 감이 잡힐 것입니다.

05

객관적으로 분석하는 미래의 소득과 지출

우리는 종종 미래를 불확실하다고 인식하면서도, 동시에 자신에게 유리하게 일어날 상황을 가정하고 예상하는 경향이 있습니다. 예를 들어, 많은 사람은 자신의 자산 가치가 시장 평균을 초과하여 상승할 것이라고 낙관합니다. 특히 주식에 관해서는, 시장의 등락에 상관없이 자신이 소유한 주식이 매년 30%의 가치 상승을 이룰 것이라고 기대하는 경우가 많습니다.

게다가 부동산 시장이 폭락하더라도 자신이 구입한 집은 그러한 시장 변동의 영향을 받지 않을 것으로 생각합니다. 이와 같이, 현재의 생활 수준을 유지하기 위한 지출에 대해서도, 우리는 항상 합리적인 결정을 내릴 것이라고 자신합니다. 이러한 낙관적인 기대는 바로 기대감의 본질을 드러냅니다. 그러나 자산 관리에 있어서 중요한 것은 이러한 주관적인 기대감이 아니라, 객관적인 현실에 기반한 실질적인 계획과 전략을 세우는 것입니다.

미래의 소득과 지출

미래는 불확실성을 의미합니다. 현재 예상과 달리 움직일 수 있다는 의미입니다. 직장 생활 30년간 직장도, 세상도, 경제도 예상처럼 움직이지 않았을 것입니다. 은퇴 생활 30년이라고 다를까요? 그렇기 때문에 우리는 미래를 준비해야 합니다. 미래의 소득을 이렇게 구분해 보겠습니다.

- 명목 금액이 확정된 경우
- 명목 금액이 변하는 경우 인플레이션 혹은 정해진 규칙 적용
- 명목 금액이 시장 상황 등에 따라 변동

명목 금액은 인플레이션이 반영되지 않은 값으로 은퇴자가 느끼는 가치와는 차이가 있을 수 있습니다. 우리에게는 미래에 예정된 수입과 지출이 있습니다. 명목 금액을 알 수 있는 부분이 많이 있습

니다. 그러나 가격 변동이 가능한 자산은 자산 가치의 변동이 발생합니다. 우리가 가진 자산의 평가 가격도 변하지만, 예상하지 못하는 지출이 발생할 수도 있습니다.

분석의 전제

미래의 소득이나 지출은 보수적으로 해야 합니다. 최악의 상황을 가정하고 분석해야 한다는 뜻입니다. 명목 금액이 변동하는 위험 자산의 평가가 문제입니다.

우리가 위험 자산인 주식에 투자할 때는 주가의 상승률이 은행 이자율보다 높을 것으로 가정하기 때문입니다. 은행 이자율이 연 3%라면 주식 투자는 연 5~10% 수익을 추구합니다. 그렇다면 내가 보유한 주식은 어떻게 평가해야 할까요?

보수적 분석이란, 현재 5천만 원을 투자한 주식이 연 10% 수익을 제공할 것으로 기대하는 것입니다. 그렇지만 -40% 발생하여 3천만 원이 될 수도 있다는 전제로 자산 관리를 해야 한다는 의미입니다.

반면 지출은 반대로 해야 합니다. 은퇴자가 변동 금리로 주택 담보 대출이 2억 원 있습니다. 현재는 연 4%로 연간 800만 원 이자이지만 미래에는 금리가 6%로 상승하면 연 1,200만 원의 이자 부담이 될 수 있다고 전제해야 합니다.

미래의 자산 가치와 소득

미래에 대한 다양한 전망이 공존합니다. 사람들의 생각과 전망이 다르기 때문에 거래가 이루어지고 시장이 형성되는 것입니다. 은퇴자도 결국 다양한 전망을 보고 합리적인 선택을 해야 하는 것입니다. 자산별로 살펴보겠습니다.

은퇴자의 자산에서 비중이 가장 큰 것은 부동산입니다. 간단히 아파트를 예로 들어보겠습니다. 현실적으로 아파트 가격의 등락은 노후의 삶에 큰 영향을 줄 것입니다. 아파트 가격의 상승을 예상하는 입장은 인플레이션, 건축비 상승, 공급 부족을 이유로 제시합니다. 반면 인구 감소, 수요 부족(소득으로 매입 불가), 공급 확대 정책으로 하락을 예상하기도 합니다. 또한, 아파트 지수(평균 가격)는 횡보하면서 일부 지역만 상승하는 양극화를 예상합니다.

대표적인 위험 자산은 주식입니다. 긍정적 입장은 제조업과 문화산업에 경쟁력을 확보한 대한민국의 경쟁력을 인정합니다. 부정적 입장은 대주주 문제, 지정학적 문제로 한국 주식의 상승을 어렵게 봅니다. 한국 경제의 좋은 시절은 끝났다고 보기도 합니다. 경기 침체로 하락 요인이 크지만, 경기 부양을 위해 유동성을 공급하여 명목 가격이 상승할 것으로 보기도 합니다.

예금 등 현금성 안전 자산에 대해서 미래의 명목 가격에는 이견이 없을 것입니다. 현금 보유의 장점은 언제든 투자할 대상, 투자할 시점이 있을 것으로 생각한다는 점입니다. 반면 단점은 인플레이션이 발생하면 가치가 하락할 수 있습니다.

금, 미국 국채 그리고 일본 엔화를 안전 자산으로 구분합니다. 시장 참여자들은 일반적으로 금융 시장의 불확실성이 증가할 때 상대적으로 강세를 예상합니다. 따라서 시장이 안정적인 상황은 오히려 아쉬울 수 있습니다.

비트코인 등 암호 자산은 법정 화폐의 안정성에 영향을 받는다고 봅니다. 긍정론자들은 금융 시장에서 제도권 상품으로 인정받고 시장 참여자들의 포트폴리오 편입 효과가 가격 상승으로 작용할 것으로 봅니다. 반면 부정론자는 가치에 대해 회의적이며 투자가 아닌 믿음 아니냐고 합니다. 미국을 중심으로 법정 화폐의 가치를 유지해야 하는 각국 정부가 어떻게 인정하겠냐는 시각도 있습니다.

연금은 정해진 현금 흐름이 있습니다. 국민연금 등 일부는 물가상승률을 반영하거나 정해진 규칙으로 지급액을 변동합니다. 연금은 은퇴자들에게 가장 핵심적인 소득입니다.

보험은 지급 사유가 발생하면 보험금을 지급하는 위험 관리 자산이며 헤지 용도입니다. 은퇴자 입장에서는 보장 기간과 보장 범위를 잘 확인해야 합니다.

은퇴자에 대한 현금 지원 정책은 지속적으로 확대될 것입니다.

기초 연금, 국민연금을 포함하여 다양한 정책 지원이 더욱 강화될 것입니다.

은퇴자가 생각하는 미래의 소득은 투자 소득, 임대 소득, 자본 소득(보유 자산의 가격 변동으로 발생)일 것입니다. 미래의 소득은 기댓값은 은행 이자율, 물가 상승률보다 높을 것입니다. 투자를 했다는 것은 기대가 있기 때문입니다. 자산 관리에서 중요한 점은 발생할 수 있는 위험과 손실에 대비하는 것입니다. 예를 들어, 보유 주식이 30% 하락할 경우 대처 방안이 무엇인지, 상가 임대료가 6개월 동안 받지 못할 상황이 발생하면 어떻게 해야 할지를 미리 고민해야 합니다.

미래의 지출

미래의 지출은 미래의 소득이 전제되어야 합니다. 은퇴 생활에서 소득으로 감당하지 못하는 지출을 할 수는 없습니다. 그럼에도 소득이 아닌 지출로 문제를 제한한다면 인플레이션이 가장 중요한 변수입니다.

우선 생활비입니다. 현재 200만 원 생활비 수준을 유지하려면 1년 이후, 2년 이후에는 얼마가 필요할까요? 아마 은퇴자는 지출 항목을 줄여서 200만 원으로 생활해야 할 것입니다.

다음은 주거비입니다. 집을 보유하고 있으면 보유 관련 세금과 관리비 등이 증가합니다. 집이 없으면 전세, 월세의 비용이 증가할 가능성이 높습니다. 주택 보유 여부와 관계없이, 모두 다운사이징을 고민해야 합니다.

건강 관련 비용은 정부가 발표하는 인플레이션보다 높은 상승률을 보일 것입니다. 시간이 흘러 나이를 더 먹으면 건강 문제는 더욱 많아질 것입니다. 그 비용의 상승은 기대 이상일 것입니다. 실손 보험으로 인한 지출 증가도 한몫할 것입니다.

여행이나 문화 생활비 그리고 취미 관련 지출은 지출 가능 금액 이내에서 이루어져야 하며, 지출 후순위로 보아야 합니다.

마지막으로 부양 관련 비용입니다. 은퇴자들이 자신의 은퇴 생활도 감당이 버거운데, 직계 비속의 교육이나 결혼 관련 부양은 짐입니다. 그리고 연로하신 직계 존속에 대한 부양은 피할 수 없는 삶입니다. 또한, 부양 과정에서 발생하는 지출은 예상하기도 어렵고 피할 수 없습니다. 평균 수명이 길어지면서 은퇴자들은 은퇴 이후 직계 존속을 부양하다가 자신도 고령이 되고, 이후에 스스로 혹은 가족들의 부양 대상이 될 수 있습니다.

06

지출 전략 수립:
고정·변동 지출 관리법

지출은 소비이며, 돈이 필요합니다. 경제학은 유한한 자원을 기초로 합니다. 만약 은퇴자가 충분한 자산을 보유해 생활비에 대한 제약이 없다면, 지출 원칙이 그다지 중요하지 않을 수 있습니다. 하지만, 실제로는 경제적으로 여유 있는 사람들조차도 자신만의 지출 원칙을 설정하고 엄격히 따르는 경향이 있습니다. 반면, 지출 관리가 더욱 필요한 사람들은 종종 이러한 원칙을 갖추지 않거나, 있어도 잘 지키지 않습니다. 따라서, 은퇴자로서 자금 관리에 관심이 많고 그것이 필요한 사람이라면, 지출 원칙을 세우는 것이 매우 중요하며, 무엇보다 그 원칙을 꾸준히 지키는 노력이 필요합니다.

지출의 원칙

이전에 우리는 지출을 세 가지 유형으로 분류했습니다. 줄일 수 없는 지출, 줄일 수 있는 지출 그리고 줄일 수 있는 지출입니다. 은퇴자든, 직장인이든, 어떤 지출을 우선적으로 줄여야 하는지는 명확합니다. 이제, 지출을 줄이기 위해 적용할 수 있는 원칙들을 살펴보겠습니다.

첫 번째 원칙은 브랜드 가치보다는 기능의 중요성을 인식하는 것입니다. 예를 들어, 고급 차량인 벤츠 대신에 경제적인 자동차를 운전하며, 강남과 같은 고가 지역 대신 더 저렴한 지역에 거주하는 선택을 할 수 있습니다. 이러한 접근 방식은 지출을 줄이는 데 도움이 될 뿐만 아니라, 물질적 가치보다는 실질적인 사용 가치에 더 중점을 두게 합니다.

두 번째로, 우리는 분석가가 아닌 소비자로서의 역할을 수행해야 합니다. 소비와 지출은 필요한 재화와 서비스를 구입하는 행위입니다. 저평가된 상품을 찾아 구입하고, 할인을 이유로 불필요한 서비스를 이용하는 것은 지출 관리를 어렵게 만듭니다. 예를 들어, 100만 원짜리 하와이행 항공권을 50만 원에 구입한다고 해도, 그 지출은 여행 비용의 시작일 뿐입니다. 또한, 지출 결정에 있어 타인의 시선보다는 자신의 기준을 우선시해야 합니다. 직장 생활 중에는 종종 타인의 기대나 시선을 의식하기 마련이지만, 이제는 사회적 압박을 극복하고 자신의 재정적 우선순위에 집중해야 할 때입니다.

지출의 원칙 사례

은퇴하고 가장 먼저 고민되는 것은 경조사비입니다. 어느 범위까지 얼마를 해야 할까요? 필자는 경조사비에 대해 다음의 기준을 적용합니다.

- 최근 1년간 만난 적 있다.
- 2년간 2번 이상 만났다.
- 나의 경조사를 다녀갔다.

이처럼 생각을 바꾸면 지출도 줄이고 의미도 부여할 수 있습니다. 카페도 마찬가지입니다. 카페는 사람을 만나는 곳인가요? 커피를 마시는 곳인가요? 필자는 카페를 사람을 만나는 곳으로 정했습니다. 그래서 커피는 사람을 만날 때만 마시기로 합니다. 이동할 때 자차나 택시보다는 대중교통을 이용합니다. 네이버 지도를 보며 지리도 익히고, 버스를 타고 시내 관광을 하기로 했습니다. 그리고 지하철역 계단을 걸어서 오르내리며 운동을 합니다.

취미에 쓰는 비용도 줄입니다. 돈이 적게 드는 취미를 찾아 봅니다. 돈을 쓰는 것은 즐겁고 재미있지만, 이제는 생각을 바꾸어 동네 골목길도 탐방하고, 산티아고 순례길 대신 서울 둘레길도 걸어 봅니다. 조선 5대 궁궐이나 42개나 되는 조선왕릉을 찾아 다닙니다. 100대 명산 등반을 시작하기 전에, 서울의 100~200m 높이를 가진 75개 산을 지하철을 이용해 운동화를 신고 다녀보는 것이 좋습니다. 기후동행카드를 활용하여 서울 시내의 낯선 지하철역과 지명을 탐방합니다. 저 역시 이러한 비용이 적게 드는 취미 활동을 즐기고 있습니다.

대안이 있을 때는 저비용 지출을 고려합니다. 골프는 필드 횟수를 줄이며 스크린 골프 기회를 만듭니다. 뮤지컬 공연 관람을 조금 줄이고 TV나 유튜브를 이용합니다. 전 세계 오지 여행을 리포터에게 시키고, 집에서 TV로 시청합니다.

연금과 자산의 역할

은퇴자의 자산 관리의 가장 중요한 원칙은 다음과 같습니다.

- 평상시의 지출은 연금으로 해결합니다. 규칙적, 연속적 지출인 경상비는 현금 흐름을 확보해야 합니다.
- 예정에 없던 큰 금액의 지출은 비상금, 자산을 활용합니다.

은퇴를 하고 시간이 지나면 소득이 부족하니, 은퇴 자산을 허물어야 합니다. 은퇴자는 그 시간을 뒤로 미루기 위해 노력해야 합니다. 4장에서 구체적인 방법을 알아보겠습니다.

자산과 지출 관리를 위한 점검표 작성

자산과 지출을 효율적으로 관리하기 위한 첫 걸음은 명확한 점검표를 만드는 것입니다. 이 점검표는 개인의 순자산을 정확하게 파악하고, 그 기반으로 지출을 조정하는 데 중요한 역할을 합니다. 순자산이란, 자산에서 부채를 차감한 후 남은 금액으로, 개인의 재정 상태를 직접적으로 반영합니다. 이러한 이해는 부채 관리의 중요성을 부각시키며, 재정 계획의 기본을 마련합니다.

점검표를 사용하는 목적은, 시간이 흐름에 따라 발생하는 불가피한 경제 활동들을 체계적으로 관리하기 위함입니다. 은퇴자든, 직장인이든 개인의 상황에 맞는 지출 관리 전략을 마련하는 것이, 재정적으로 지속 가능한 생활을 유지하는 데 필수적입니다. 이를 위해 자산과 지출의 현황을 표 형태로 정리하면, 개인의 재정 상태를 한눈에 파악할 수 있고, 필요한 재정 조정을 보다 명확히 식별할 수 있습니다.

분류	항목	수입 금액	지출 금액
자산	현금성 자산(예금 등)		
	적금_만기 금액(추가 납입금)		
	보험(자동차 보험, 4대 보험 제외)		
	실손 보험		
	국민연금 / 공적 연금		
	퇴직 연금		
	개인연금		
	기초 연금		
	주택 연금		
	금융 상품(주식, 펀드, 파생 결합 증권)		
	기타 금융 자산(채권, 비상장 주식, 지분)		
	동산(미술품, 회원권 등)		
	부동산(최근 실거래가 혹은 호가)		
	기타 부동산(상가)		
합계			

[표 2-1] 자산 점검표 예시

분류	항목	지출 금액
부채	주택 담보 대출	
	은행 대출	
	카드론	
	기타 차입(친구)	
	할부 및 렌탈	
	부양 비속(교육, 결혼)	
	부양 존속(병간호 실행)	
합계		

[표 2-2] 부채 점검표 예시

분류	항목	지출 금액
지출	기초 생활비(관리비, 가스, 전기 등)	
	세금(자동차세, 재산세, 자동차 보험료 등)	
	생활비	
	용돈(대중교통, 식사, 모임 등)	
	보험료	
	경조사비	
	취미(회비, 모임, 헬스)	
	문화 활동비(공연, 영화 등)	
	여행(연간 비용)	
	반려동물	
	홈쇼핑, 피복비	
	부모님 용돈(양가 부모)	
	자녀 학비	
	자녀 용돈	
	건강 관련	
	부양 관련	
	기타	
합계		

[표 2-3] 지출 점검표 예시

3장

은퇴자를 위한 100일 플랜, 계획편

01

부동산: 다운사이징과 주택 연금

통계를 인용하지 않아도 은퇴자 대부분의 자산은 주로 거주하는 집 한 채에서 나온다는 것을 알 수 있습니다. 실제로 은퇴 시점에서의 자산 상태는 지난 30년 동안의 부동산 관련 결정들에 의해 크게 좌우되었다고 보는 것이 타당합니다.

은퇴 이후의 자산 관리도 부동산 결정에 의해 큰 영향을 받을 것입니다. 특히, 주택 소유와 주택 연금 가입 여부는 향후 부동산 시장의 전망과 은퇴자 부부의 건강 상태에 따라 중요한 영향을 미칠 것입니다. 이러한 상황에서 어떠한 원칙을 적용하여 부동산 관련 의사 결정을 하는 것이 바람직할지 살펴보는 것이 중요합니다.

가장 비중이 큰 자산, 부동산

은퇴를 했다고 자산 관리에 대한 지식이 갑자기 생기지 않습니다. 직장을 잡는다고 돈 관리를 잘하게 되지 않는 것과 마찬가지입니다. 월급은 생활비를 쓰고 나면 모으기가 어려웠습니다. 우리의 은퇴 자산 관리도 어쩌면 현상 유지에 급급할 수밖에 없을 것입니다. 원래 돈이란 늘 부족한 것이기 때문입니다.

노력한 결과든 운이 좋았든 은퇴자에게는 대부분 자기 집이 있습니다. 그리고 그 집이 은퇴 자산의 대부분입니다. 우리가 살고 있는 집 한 채 혹은 전세 보증금은 은퇴 생활의 기본이고 은퇴 자산 관리의 출발입니다. 은퇴자에게 부동산은 고교생의 국영수 과목과 같습니다. 대학에 진학하기 위해서는 국영수를 잡아야 하는 것처럼, 안정적인 은퇴 생활을 위해서는 부동산을 알아야 합니다.

부동산은 매우 중요한 자산이므로 현재 우리가 내리는 주택 선택에 대한 결정이 장기적으로 은퇴 생활에 큰 영향을 미칠 것입니다. 부동산 시장의 가격 변동은 어떤 이들에게는 기쁨을, 또 다른 이들에게는 슬픔을 가져다줄 수 있습니다. 이에 따라, 은퇴자가 취할 수 있는 다양한 주택 관련 전략을 표로 정리해 보았습니다.

요약하자면, 은퇴자의 주요 결정은 주거 비용을 어떻게 부담할 것인가와 부동산 가격의 향후 변동을 예측하는 데에서 시작됩니다.

부동산 전략	상황 및 전망
현 상태 유지	세금, 관리비 부담 가능, 부동산 가격 하락 가능성 낮음
보유 주택 매각	세금, 관리비 줄이고, 부채 정리 부동산 가격 상승은 제한적
주택 다운사이징	세금, 관리비 줄이고 차액 활용, 생활비 확보 부동산 가격 상승은 제한적
보유 주택 세주고, 다운사이징	세금, 관리비 줄이고, 부동산 가격 상승 전망
주택 연금 활용	주택 상속 안 하고, 주택 가격 큰 폭 상승은 없을 전망

[표 3-1] 주택 보유자 부동산 전략

은퇴자들은 지난 30년간의 경험을 바탕으로 미래를 예측하고 중대한 결정을 내려야 합니다. 이때 주택 가격에 영향을 미치는 요인들을 고려하는 것이 중요합니다.

- 공급 : 아파트는 서울 이외의 지역을 중심으로 공급 확대, 아파텔·오피스텔 등 주거 가능 시설 급증, 경기 양평군의 대규모 공급, 남양주 조합의 문제, 신도시 추가, 재건축 활성화
- 수요 : 가구 중위 소득 2022년 3,206만 원, 아파트 가격 부담, 상위 10%(220만 명) 자산 10억, 다주택자 허용, 외국인 수요

- 요인 : 인구 감소, 핵가족화, 핵 개인화, 인구 고령화
- 참고 : 인플레이션, 건축비 상승

그리고 모든 주택의 가격이 상승할지, 일부 주택만 상승할지에 따라 양극화가 확대될 수도 있습니다. 과거에는 아파트와 빌라, 강남과 강북, 서울과 지방이 양극화되었습니다. 앞으로는 단지 규모, 용적률, 건축 연도 그리고 브랜드 등으로 나뉘며 전국 주택 가격지수는 안정적인데, 사람들 수요가 많은 단지만 가격이 상승할 가능성도 있습니다.

주택 관련 세금

우리는 평생 부동산 매매를 몇 번이나 할까요? 아마 우리가 부동산 매매를 하는 횟수보다 더 자주 정책과 세율이 바뀌었을 것입니다. 따라서 아래 내용은 참고만 하시고 실거래를 할 때는 다시 확인해야 합니다.

취득세

주택을 취득할 때 취득세를 납부합니다. 우리는 1%로 알고 있지만 지역이나 보유 주택 수에 따라 다릅니다. 유상 거래는 1~3%,

무상 증여는 3.5%가 기본입니다. 9억 원 이상은 3%이고, 2024년 기준으로 다주택자의 증여는 최대 12%도 부담해야 합니다. 양도세 중과는 유예 중이지만 취득세는 12%가 적용됩니다. 우리가 부동산을 취득하기 위해 돈을 모을 때는 세금을 납부하고 세후 소득으로 모아야 합니다. 그런데 부동산을 취득할 때는 과거에 납부한 세금과 무관하게 세금을 내야 합니다. 물론 지역이나, 은퇴자 본인에게 적용될 여지가 거의 없는 출산 등에 감면 제도가 있습니다. 은퇴자로서 다운사이징 혹은 주택 증여 시 확인이 필요합니다.

재산세

주택을 보유하고 있으면 어떤 비용이 필요할까요? 주택은 재산이므로 재산세가 발생합니다. 고가 주택의 경우 종합 부동산세가 발생합니다. 부동산 보유세는 0.4% 이내입니다. 보유세가 0.4%이고 기준이 호가가 아니고 호가보다 낮은 공시가격(정확하게는 과표 가격)이니 세금이 적다고 할 수 있을까요? 재산세를 납부할 때는 따라다니는 항목이 있습니다. 도시 지역분, 지역자원 시설세, 지방 교육세 등입니다. 지역이나 주택 규모에 따라서

는 납부 세액이 재산세의 요율과 비교하면 2~3배가 넘습니다. 예를 들어 재산세는 57,600원인데 176,250원을 납부해야 합니다.

종합 부동산세

종합 부동산세는 2005년에 신설되었고 최대 5%까지 납부해야 합니다. 개인들의 고가 주택은 1% 미만입니다. 정치적인 상황에 따라 수시로 변경되고 있어 실제 납부하는 과정에서는 별도로 확인해야 합니다. 다만 종합 부동산세는 납부자의 신고가 아니고 국세청에서 발급합니다. 종합 부동산 세율이 5%이면 10년에 50%를 납부하는 것도 부담이지만, 현금 창출이 없는 부동산의 경우 납세자는 소득이나 자산 처분이 있어야 가능할 것입니다. 예를 들어 과세 표준이 100억 원이면 종부세는 5억 원이며 5억 원의 세후 소득은 세전으로 계산하면 9~10억 원입니다(세율 설명을 위한 수치이며 실제로는 100억 모두 5% 적용은 아닙니다).

근로 소득자가 부동산을 취득하는 것도 어렵지만, 평균 소득 근로자는 과세 기준의 25억 원 정도 되는 아파트의 세금과 관리비 납부에 모든 소득을 사용해야 합니다.

누구나 강남의 100억 원대 아파트에 살고 싶어 합니다. 현재 과세 제도에서 강남의 아파트를 30만 채로 보고 100억 원이 되면 부동산세가 얼마나 될까요? 재산세 0.4%, 종합 부동산세 2.7%에 지방세 등을 감안해 3.5%라고 하면 105조 원(100억 원 × 3.5% × 30만)의 세수가 확보됩니다. 2023년 우리나라 근로 소득세 총합은 59.1조 원입니다.

"월급쟁이가 봉이냐"... 직장인 불만 부글부글

'월급쟁이는 봉'이라는 직장인들의 푸념이 사실인 것으로 나타났다. 지난해 전체 세수에서 차지하는 근로 소득세 비중이 10년 이내 최대인 것으로 확인됐다. 10일 기획재정부에 따르면 지난해 근로 소득세 수입은 59조 1,000억 원으로 전년보다 1조 7,000억 원(3.0%) 늘었다. 기업 실적 악화, 부동산 경기의 하강 등으로 법인세(-23조 2,000억 원), 양도 소득세(-14조 7,000억 원), 부가 가치세(-7조 9,000억 원), 교통 에너지 환경세(-3,000억 원) 등의 수입이 감소하는 와중에 근로 소득세는 늘어난 것이다. 그 결과 총국세(344조 1,000억 원)에서 차지하는 근로 소득세의 비중은 2022년 14.5%에서 지난해 17.2%로 높아졌다. 이는 2013년 이후 근 10년간 가장 높은 수치다.

근로 소득세는 월급·상여금·세비 등 근로 소득에 부과되는 세금으로, 근로자의 급여에서 원천 징수된다. 근로 소득세 수입은 취업자 수 증가, 명목 임금 상승 등으로 꾸준히 늘어왔다. 수입은 2013년 22조 원에서 2016년 31조 원, 2020년 40조 9천억 원 등으로 늘었다. 전체 세수에서 차지하는 비중도 2013년 10.9%에서 2016년 12.8%, 2020년 14.3% 등으로 높아져 왔다. 최근 10년간 근로 소득세의 증가율은 168.8%였다. 이는 같은 기간 총국세 증가율(70.4%)보다 높은 것이다. 전문직·자영업자 등 개인 사업자가 주로 내는 종합 소득세 수입 증가율(96.7%)도 웃돌았다.

- [매일 경제] 2024년 2월 10일

양도세

보유 부동산을 매각하는 경우에는 양도세를 납부해야 합니다. 양도세는 다주택자 중과가 있고 기준 가격 등의 문제가 있으며, 특히 양도자가 납부 세액을 신고해야 합니다. 그런데 수시로 변경되는 제도로 인해 세무사들도 어려워하고 있습니다. 실제 은퇴 자산 관리를 위하여 주택을 매각하는 경우에는 다시 한번 확인하고 점검해야 합니다(은퇴자의 주택 다운사이징이나 다주택자 은퇴자의 경우 양도세도 미리 확인해야 합니다). 양도세는 수익에 대해 부과하는 것은 맞지만, 납세자 입장에서 수익이 국세청이 생각하는 수익과 다를 수 있습니다. 예를 들어 10억에 매입했다가 20억 원에 양도하여 양도 차액을 10억이라고 가정해 보겠습니다. 양도 차액이 10억 원이면 45% 적용한 4.5억 원에서 6,594만 원을 차감하고 약 3.84억 원 정도의 양도세가 발생합니다. 실제로는 각종 공제가 되겠지만 20

과표	세율	누진 공제
1,400만 원 이하	6%	-
5,000만 원 이하	15%	126만 원
8,800만 원 이하	24%	576만 원
1.5억 원 이하	35%	1,544만 원
3억 원 이하	38%	1,994만 원
5억 원 이하	40%	2,594만 원
10억 원 이하	42%	3,594만 원
10억 원 초과	45%	6,594만 원

[표 3-2] 양도 소득세 기본 세율(23년 이후)

억 원에 매각하여 새로 집을 구입한다면 예산이 17~18억 원으로 줄어듭니다. 동일 가격대의 집을 사려면 추가로 양도 소득세만큼을 마련해야 합니다.

다주택자의 중과는 유예 중이며 중과는 조정 대상 지역으로 제한됩니다.

주택 연금: 가격 전망을 참고한 대출

주택 연금은 은퇴자가 사망할 때까지 주거를 보장받으면서 현금 흐름을 만들 수 있는 유용한 제도입니다. 자녀에게 집을 상속하지 않겠다는 결정이 우선이며, 향후 나의 집 가격의 상승이 제한적이라고 예상할 때 유용합니다. 즉, 자식에게 집 한 채라도 넘겨주고 싶은 사람에게 주택 연금은 대안이 아닙니다. 증여 상속을 하지 않더라도 부동산 가격의 상승을 예상한다면, 시간이 지나서 집값이 상승하여 마음이 불편하고 경제적으로 손실이라고 생각할 수 있습니다. 주식 투자에서 2만 원에 매수했다가 5만 원에 팔아도 10만 원이 되면 손해 보았다고 여기는 것이 일반적인 생각일 것입니다.

예를 들어보겠습니다. 57세와 55세 부부가 8.425억 원 주택을 종신 수령으로 정액형을 하면 월 117만 원을 수령합니다. 이때 사람들은 1년에 14,097,120원이고 30년을 받아야 422,913,600원이므로 주택 가격의 절반만 돌려주냐고 푸념할 수 있습니다. 그런데 부부는 30년 이상을 생존할 수도 있습니다. 30년간 집을 사용할 수 있습니다. 이외에도 세금 등의 이슈가 있습니다.

수령액은 결국 집값과 부부의 나이에 영향을 받습니다. 주택 연금 신청 시기를 미룰수록 나이가 들게 되므로 수령액은 증가합니다. 왜냐하면 생명표 기준에 따라서 기대 생존 기간이 줄기 때문입니다. 주택 가격이 상승하면 수령액이 증가할 것입니다. 그러나 미루는 기간까지 현금 흐름이 만들어지지 않습니다. 특히, 주택 가격이 항상 상승하는 것도 아닙니다. 주택 가격이 하락하거나 제도의 수정 등으로 수령액이 달라질 수 있습니다.

은퇴자는 주택 연금과 주택을 매각하고 그 돈으로 스스로 연금 구조를 만드는 방법을 비교할 수 있습니다. 이때는 우선 주거 비용을 생각해야 합니다. 그리고 주택 양도와 관련된 세금도 반영해야 합니다. 또한, 미래의 부동산 가격을 알 수 없는데 가격이 하락하면 다행이지만, 가격이 상승하면 주거 비용이 증가할 수 있습니다. 물론 주택 연금을 수령하는 경우도 비슷한 고민이 발생합니다. 주택 가격이 하락하면 다행이지만 상승하면 기회 손실이 발생했다고 생각할 수 있습니다.

주택 연금 제도의 이해

이번에는 주택 연금 제도에 대해 알아보겠습니다. 지금부터 설명할 내용은 한국주택금융공사 홈페이지에도 잘 설명되어 있으니, QR을 통해 확인하셔도 좋습니다.

우선 가입 요건입니다. 부부 중 1명이 만 55세 이상이고 부부 합산 공시 가격 12억 원 이하 주택을 소유한 경우입니다. 다주택자의 경우도 합산 12억 원 이하면 가입이 가능하며, 공시 가격 12억 원 초과의 경우도 3년 이내 1주택 처분 시 가입이 가능합니다. 거주 요건이 중요합니다. 주택 연금 가입자 또는 배우자가 실제로 거주지(주민등록 전입)로 이용하고 있어야 합니니다. 다만 병원 치료 및 가족 부양은 예외입니다.

주택 연금에 가입할 때 비용으로 초기 보증료가 주택 가격의 1.5%(대출 상환 방식은 1%)입니다. 연금의 지급 기한은 본인 및 배우자가 사망할 때까지입니다. 지급 기한은 일정 기간으로 정할 수도 있습니다. 그러나 기간을 한정하면 그 기간 이후에 삶이 불편할 수 있습니다.

주택 연금에서 주택은 공시 가격 12억 원 이하의 주택 또는 주거용 오피스텔입니다. 연금 지급액은 주택 가격과 가입자의 연령에 따라 결정됩니다. 정책 당국은 연금 지급 기간을 통계청의 생명표를 보고 참고할 것입니다. 은퇴자가 오래 건강하게 살면 가입자에게 유리합니다.

주택 연금의 담보 제공 방식은 저당권 방식과 신탁 방식이 있습니다. 저당권 방식은 소유권을 보유한 상태이므로 가입자가 사망했을 때 배우자에게 연금을 승계하려면 소유권 이전 등기 절차가 필요하며, 물건의 일부 임대가 불가능합니다. 신탁 방식은 공사가 신탁 등기하는 것이므로 가입자가 사망하더라도 별도의 소유권 이전이 없습니다.

주택 연금 수령 방식은 평생 매월 연금을 수령하는 '일반 주택 연금'이 있습니다. 그리고 인출 한도(연금 대출 한도의 50~90%) 범위 안에서 일시에 목돈으로 찾고 나머지를 평생 매월 연금으로 수령할

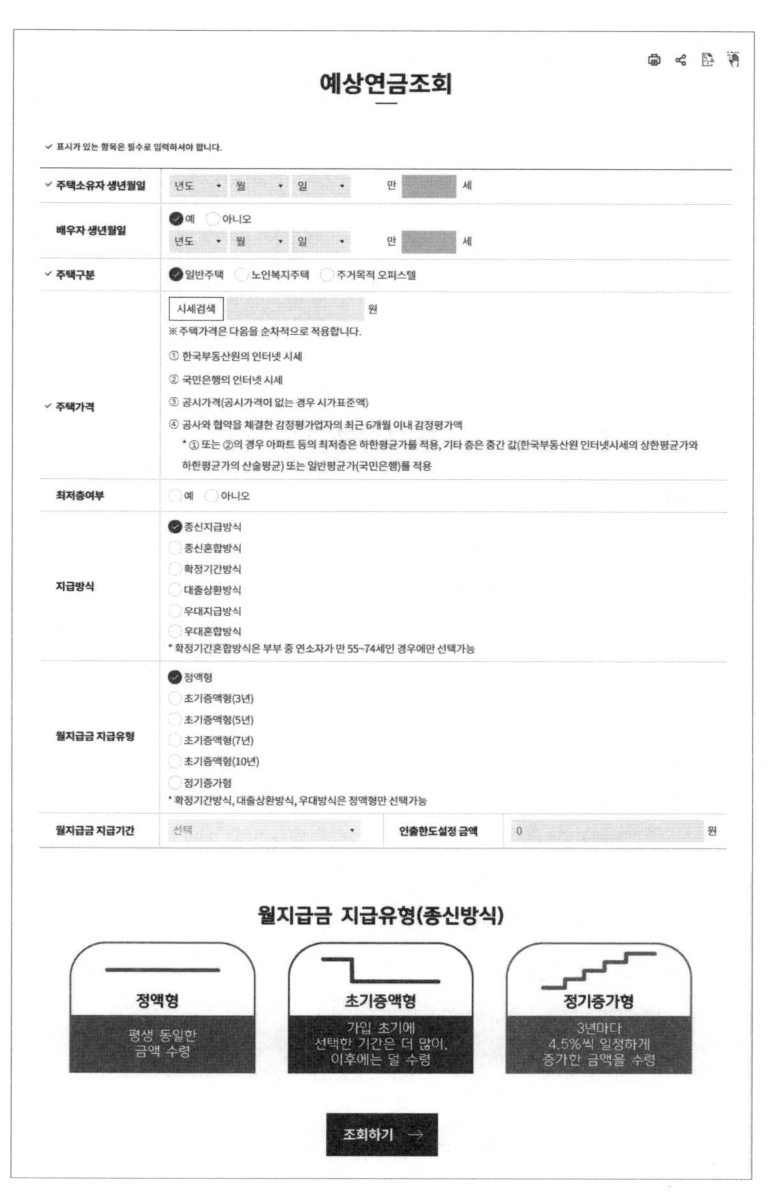

[그림 3-1] 예상 연금 조회 웹사이트 이미지

수 있습니다. 이를 '주담대 상환용 주택 연금' 부분으로 구분합니다. 부부 중 1인 이상이 기초 연금 수급권자일 경우 최대 20% 더 수령합니다. '우대 지급 방식(우대형 주택 연금)'으로 구분합니다.

또한, 수령 기간에 따라 주택 연금 상품으로는 확정 기간 방식과 종신 방식이 있습니다. 확정 기간으로는 10년, 15년, 20년, 25

TIP. 주택 연금의 지급 정지 사유

❶ 부부 모두 사망한 경우: 가입자만 사망한 경우에는 배우자가 채무 인수 후 계속 이용 가능

❷ 부부 모두 주민등록을 이전한 경우: 가입자와 배우자 모두 주민등록상 주소지가 담보 주택 주소지와 다른 것으로 확인된 경우. 다만, 입원 등 한국주택금융공사 사장이 정하여 공사 인터넷 홈페이지에 공고하는 사유(이하 "실거주 예외 인정 사유")로 공사의 승인을 받은 경우 제외

❸ 장기 미거주의 경우: 부부 모두 1년 이상 계속하여 담보 주택에서 거주하지 않는 경우. 다만, 실거주 예외 인정 사유가 있어 공사에 미리 서면 통지하거나 공사가 직접 확인한 후 불가피하다고 판단되는 경우 제외

❹ 주택 소유권을 상실하는 경우: 매각, 양도로 소유권 이전, 화재 등으로 주택 소실 등

❺ 처분 조건 약정 미이행 및 주택의 용도 외 사용: 일시적 2주택자로 가입 후 최초 주택 연금 지급일로부터 3년 내 주택 미처분

❻ 주거 목적 오피스텔을 주거 목적으로 사용하지 않는 경우 등

년, 30년 중 선택한 일정 기간에 매월 동일한 금액을 수령하면서 평생 거주하는 것입니다. 부부가 사망하는 시점까지 받을 수 있는 종신 방식에는 수령 금액에 대한 조건이 세 가지 있습니다. 매월 동일한 금액을 받는 정액형이 있습니다. 초기 증액형은 좀 더 젊었을 때 돈이 많이 필요하므로 가입 초기 일정 기간(3년, 5년, 7년, 10년 중 선택)은 정액형보다 많이 받고, 이후에는 정액형보다 덜 수령하는 방식입니다. 반대로 인플레이션을 감안하여 3년마다 4.5%씩 증가한 금액을 수령하는 정기 증가형도 있습니다.

주택 연금 수령자의 생활 자금을 법으로 지켜주는 주택 연금 지킴이 통장이 있습니다. 주택 연금 월 지급금 중 최저 생계비에 해당하는 금액(185만 원)까지만 입금이 가능하고, 입금된 금액에 대한 압류가 금지되어 보다 안정적인 주택 연금 수령을 가능케 한 주택 연금 전용 계좌입니다.

주택 연금 시장 규모 및 대안

그렇다면, 주택 연금 가입자는 얼마나 될까요? 2024년 2월 기준으로 전국에 123,852명입니다. 이 중에서 34.5%인 42,710명은 경기도에 거주하고 있습니다. 서울 거주자는 27.5%인 34,046명입니다. 가입자 평균 연령은 72세이며 수령액은 월 120만 원입니다.

[그림 3-2] 주택 연금 가입자 현황

평균 주택 가액은 3.83억 원입니다. 서울은 5.43억 원이며 경기도는 4.05억 원입니다.

과거에는 주택 담보 연금식 대출이라는 주택 연금 성격의 시중 은행 상품(역모기지론)이 있었습니다. 2000년대 초에 시중 은행들이 경쟁적으로 판매했습니다.

2006년 기사는 집값 2억 원, 3억 원 그리고 월 수령액 44만 원, 66만 원을 이야기합니다. 2024년 기사도 비교해 보겠습니다. 18년 후인 2042년에는 수치 예시가 달라질까요?

[종신형 역모기지 대출 月 수령액 얼마나] 3억짜리 집 담보 땐 매달 66만 원 받을 듯

내년부터 도입될 종신형 역(逆)모기지 대출에 관심이 쏠리고 있다. 정부가 아직 대상 연령과 주택 기준을 확정하지 않았지만 금융 회사들은 65세 이상의 노인이 시가 3억 원짜리 집을 담보로 맡기면 사망할 때까지 매달 66만 원가량 받을 것으로 추정하고 있다.

15일 재정경제부와 금융계에 따르면 정부는 2007년부터 주택금융공사가 보증을 서는 종신형 역모기지 대출을 도입한다는 방침으로 가입할 수 있는 대상 연령과 주택 규모 등의 기준을 검토하고 있다.

역모기지 대출이란 보유 주택을 담보로 매달 연금식으로 대출금을 받고 만기가 되면 주택을 금융 회사에 넘겨 대출금을 갚는 것. 만기가 10~15년으로 제한된 현행 역모기지 대출에 공적 보증을 도입, 만기를 사망할 때까지로 늘린 것이 종신형 역모기지 대출이다.

금융 회사들이 시뮬레이션을 한 결과를 보면 만 65세 이상인 남자가 시가 3억 원짜리 집을 담보로 맡기고 종신형 역모기지에 가입하면 사망할 때까지 매월 66만 원가량을 받고, 시가 2억 원짜리 집을 담보로 맡기면 매달 44만 원을 받게 된다. 매달 100만 원씩을 받으려면 시가 4억 5,000만 원짜리 집을 맡겨야 한다. 이 같은 추산은 주택 담보 대출 비율 70%, 대출 금리 연 7.0%, 보증료(초기 보증: 주택 가치의 1~1.5%, 월 보증료: 대출금의 0.5%) 등의 가정치를 두고 구한 수치다.

종신형 역모기지 대출은 5년마다 주택 가격을 재평가해 오른 만큼 월 지급금을 더 받을 수 있지만 반대로 주택 가격이 하락하더라도 지급액은 줄어들지 않는다.

- [국민일보] 2006년 1월 15일

주택 시장 침체에 주택 연금 월 지급금도 소폭 감소

주택 연금 가입자들에게 매달 지급되는 금액이 소폭 줄어든다. 주택 가격 상승률 둔화 등을 반영한 결과다. 한국주택금융공사는 31일 홈페이지 공지를 통해 오는 3월 1일 주택 연금 신규 신청자부터 월 지급금이 평균 1.5% 줄어들게 된다고 밝혔다.

이는 일반 주택·종신 지급 방식(정액형)의 연금에 가입한 모든 연령 기준으로, 일부 고연령층의 월 지급금은 소폭 증가할 수도 있다고 덧붙였다. 주금공은 통상 주택 가격 상승률, 이자율, 사망 확률 등의 주요 변수를 매년 한 차례씩 재산정해 월 지급금을 결정하고 있다. 주금공은 이번 월 지급금 조정에 대해 "전년 대비 이자율이 낮아지고 기대여명이 감소했지만, 주택 가격 상승률이 낮게 산출됐기 때문"이라고 설명했다. 다만 "이미 주택 연금을 이용하던 고객은 향후 주택 가격 등락과 관계없이 가입 당시 산정된 월 지급금을 계속 받게 된다"고 부연했다. 주택 연금은 만 55세 이상의 소유자가 집을 담보로 제공하고 집에 계속 살면서 평생 연금 방식으로 매달 노후 생활 자금을 지급받는 제도다. 공시 가격 12억 원 이하 주택 보유자가 가입할 수 있으며, 최대 시가 12억 원 기준의 연금이 매달 지급된다. 지난해 11월 말 기준 전체 주택 연금 가입자의 평균 주택 가격은 3억 7천800만 원, 평균 연령은 72.1세, 평균 월 지급금은 120만 6천 원이었다.

【연령별 · 주택가격별 월지급금 조정 내역 예시】

(일반주택, 종신지급방식, 정액형 기준, 천원, '24.3.1. 기준)

주택가격(시세) / 연령	1억원			3억원			5억원		
	현행	조정	증감	현행	조정	증감	현행	조정	증감
55세	151	145	-6(3.7%↓)	453	436	-17(3.7%↓)	756	728	-28(3.7%↓)
60세	204	198	-7(3.3%↓)	614	594	-20(3.3%↓)	1,023	989	-34(3.3%↓)
65세	246	240	-6(2.5%↓)	739	720	-19(2.5%↓)	1,232	1,201	-31(2.5%↓)
70세	300	295	-5(1.7%↓)	901	886	-15(1.7%↓)	1,503	1,478	-25(1.7%↓)
75세	373	370	-3(0.8%↓)	1,120	1,111	-9(0.8%↓)	1,867	1,851	-15(0.8%↓)
80세	476	474	-1(0.3%↓)	1,427	1,424	-4(0.3%↓)	2,379	2,373	-7(0.3%↓)
85세	631	633	2(0.3%↑)	1,894	1,900	6(0.3%↑)	3,157	3,167	10(0.3%↑)

주택가격(시세) / 연령	7억원			9억원			12억원		
	현행	조정	증감	현행	조정	증감	현행	변경	증감
55세	1,058	1,019	-39(3.7%↓)	1,360	1,310	-50(3.7%↓)	1,814	1,747	-67(3.7%↓)
60세	1,433	1,385	-48(3.3%↓)	1,843	1,781	-61(3.3%↓)	2,457	2,375	-82(3.3%↓)
65세	1,724	1,681	-43(2.5%↓)	2,217	2,162	-56(2.5%↓)	2,957	2,882	-74(2.5%↓)
70세	2,104	2,069	-35(1.7%↓)	2,705	2,660	-45(1.7%↓)	3,315	3,278	-37(1.7%↓)
75세	2,613	2,592	-21(0.8%↓)	3,360	3,333	-28(0.8%↓)	3,573	3,538	-35(0.8%↓)
80세	3,331	3,322	-9(0.3%↓)	3,972	3,939	-33(0.3%↓)	3,972	3,939	-33(0.3%↓)
85세	4,420	4,434	14(0.3%↑)	4,649	4,618	-30(0.7%↓)	4,649	4,618	-30(0.7%↓)

- [연합뉴스] 2024년 1월 31일

주택 다운사이징 고려 사항

노후에 경비를 절감하기 위해 보유 중인 주택을 팔고 작은 집이나 가격이 낮은 지방으로 이사하는 것을 고려할 수 있습니다. 이는 금융 용어로는 스프레드 거래와 비슷한 개념입니다. 이 과정에서는 세금을 포함한 다양한 비용이 문제가 될 수 있습니다. 예를 들어, 양도세와 취득세가 발생하며, 이사 비용과 부동산 중개 수수료도 고려해야 합니다. 이사를 하게 되면, 새로운 인테리어나 가

TIP. 주택 다운사이징의 장벽

주택 다운사이징을 할 때 가장 큰 장애물은 양도세, 취득세, 이사 비용, 인테리어 변경 같은 경제적 요인이 아니라 개인적인 인식의 문제입니다. 주거 공간을 줄일 때 타인의 시선을 의식하게 되며, 이러한 인식을 극복하는 것이 중요합니다.

많은 사람들이 '나 서울에 살아'에서 '나 경기도로 이사했어'로 말을 바꾸는 것을 꺼립니다. 마찬가지로, '나 32평에 살아'를 '나 18평으로 이사 갔어'라고 말하는 것에 부담을 느낄 수 있습니다. 평생을 열심히 일해 모은 돈에 대해 이제는 이런 말을 해야 하나라는 생각이 들 수 있습니다. 또한, 자녀의 결혼이나 손주들과의 관계에서 주거 공간이 작거나 지방에 위치해 있다는 이유로 불편함을 겪을 수도 있습니다. 그러나 결국 비용과 지출을 줄이기 위한 선택이므로 이를 수용하는 자세가 필요합니다.

구 교체가 필수적일 수 있습니다. 최소한 도배와 바닥재 교체는 진행해야 하며, 주소 변경에 따른 다양한 준비와 조정이 필요합니다. 이는 주소 변경뿐만 아니라 보유 차량과 금융 기관에 등록된 주소도 업데이트해야 함을 의미합니다. 또한, 주택 다운사이징을 할 때는 가능한 한 주택 연금과 연계하여 신중하게 검토하는 것이 권장됩니다. 이러한 조치를 통해 노후 자금 관리를 보다 체계적으로 할 수 있습니다.

02

연금:
효율적인 수령 방법과 시기

연금은 은퇴한 이들에게 중요한 소득원이 됩니다. 직장 생활을 하시는 분들은 국민연금과 같은 공적 연금에 가입해 있으며, 이를 기반으로 퇴직금에 해당하는 퇴직 연금과 추가적인 개인연금을 통해 소득을 보충할 수 있습니다. 소유 주택을 활용한 주택 연금도 한 옵션이지만, 대다수는 선호하지 않는 경향이 있습니다. 또한, 정부는 보편적 복지 실현을 위해 기초 연금을 제공하고 있어, 은퇴자는 이러한 다양한 연금 옵션 중 자신에게 적합한 것을 파악하는 것이 중요합니다. 이와 함께, 연금 수령 시 발생할 수 있는 세금과 건강 보험료와 관련된 사항도 세심하게 검토해야 합니다.

연금의 확인

연금은 은퇴자에게 중요한 소득원이자 생활비의 핵심입니다. 연금의 수령 방식과 관련 세금이 그들에게는 매우 중요한 요소입니다. 반면, 은퇴 전 직장인들에게 연금은 주요 금융 상품으로, 이들에게는 수익률이 큰 관심사입니다.

은퇴 시점에서 특별히 연금에 대해 고민하지 않아도 될 수 있습니다. 일시금으로 수령할 경우 기타 소득세가 약 16.5%가 적용되지만, 연금으로 수령할 경우 나이에 따라 연금 소득세가 5.5%에서 3.3% 사이로 낮아집니다. 따라서, 연금은 직장 생활 중 미리 고려해야 할 사항입니다.

연금 수령과 관련하여 은퇴자는 받게 될 금액과 수령 기간을 결정해야 하며, 수령액의 변동성과 물가 변동이 반영되는지도 확인해야 합니다. 세금 부과는 수익과 세금 혜택을 받은 원금에 대해 이루어집니다. 대부분의 직장인들이 세금 혜택을 받았기 때문에 이는 과세 대상이 됩니다.

누가 연금을 조기에 수령해야 하나요?

연금의 조기 수령은 목돈이 필요한 경우입니다. 대출금 상환과 투자 목적이 있을 것입니다. 우선 은퇴 시점에 대출은 연계된 자산이 없으면, 가급적 빠르게 상환하는 것이 좋습니다. 부채를 줄이는 것은 돈을 모으는 것과 단순히 반대가 아닙니다. 부채 규모를 줄이는 것은 돈을 벌 때도 어려운 일입니다. 소득이 급감하는 시기인 은퇴 이후에 부채를 상환하기는 어렵고, 자칫 부채에 대한 부담이 점점 큰 부담이 될 수 있습니다. 특히, 매달 돌아오는 납부 이자와 원금 분할 상환의 부담은 은퇴자에게 경제적으로 잘못된 결정을 유도할 위험이 있습니다. 곳간에서 인심 나고, 코너에 몰리면 판단력을 잃을 수도 있습니다. 그렇지만 자산과 연계된 대출을 할 때는 상환의 필요성을 분석해 보아야 합니다. 대출이 5천만 원이고 위험 자산에 1억 원이 있습니다. 이때는 1억 원 위험 자산에 대한 기대 수익, 은퇴자 포트폴리오의 구성을 함께 보아야 합니다. 적절한 위험 자산은 필요합니다. 위험 자산은 법정 화폐의 가치 하락에 대한 위험 관리 역할을 합니다.

대출의 원인이 투자 목적인 경우도 세분화해 봅니다. 은퇴자가 대출금으로 단기 매매, 트레이딩을 한다면 매우 신중해야 합니다. 은퇴자가 확률적으로 시장에서 원하는 수익을 얻기는 어렵습니다. 다만 투자가 단기 매매가 아닌 포트폴리오 구축이라면 이자 납부 방안을 포함해서 검토할 수 있습니다. 요약하면 관리할 수 있는 대출, 적절한 포트폴리오 구축은 필요합니다.

기초 연금: 양보해야 할 연금

국민연금 제도는 1988년에 처음 도입되었습니다. 그러나 도입 초기에는 고령자 중에서 국민연금의 혜택이 부족한 경우가 많았습니다. 이를 보완하기 위해 기초 연금이 만들어졌습니다. 정부는 현재의 심각한 노인 빈곤 문제를 해결하고, 미래 세대의 부담을 덜어주며, 노후에 안정된 혜택을 누릴 수 있도록 기초 연금 제도를 도입하였습니다.

기초 연금은 만 65세 이상의 노인 중 특정 소득 기준에 부합하는 경우 지급됩니다. 2024년 기준으로 단독 가구의 경우 소득 인정액이 2,130,000원 이하여야 하며, 부부 가구는 3,408,000원 이

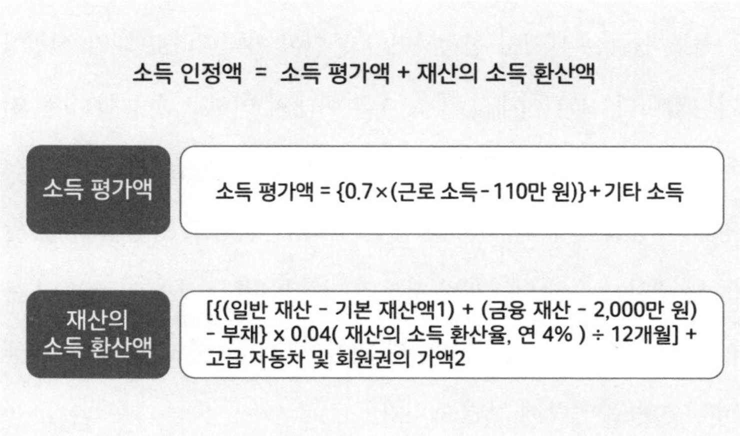

소득 인정액 = 소득 평가액 + 재산의 소득 환산액

소득 평가액	소득 평가액 = {0.7×(근로 소득 - 110만 원)} + 기타 소득
재산의 소득 환산액	[{(일반 재산 - 기본 재산액1) + (금융 재산 - 2,000만 원) - 부채} x 0.04(재산의 소득 환산율, 연 4%) ÷ 12개월] + 고급 자동차 및 회원권의 가액2

[그림 3-3] 소득 인정액 산정 방법

하여야 합니다. 단, 공무원 연금 등의 수급권자는 제외됩니다. 재산이 많은 경우도 제외합니다. 그림 3-3은 어떻게 소득 인정액을 산정하는지 간략하게 보여 주며, 조금 더 자세한 사항은 QR을 통하여 홈페이지에 접속해 확인할 수 있습니다.

기초 연금의 수령액은 어느 정도일까요? 2024년 기준으로 월 334,810원입니다. 기초 연금의 주요 목적은 경제적으로 어려운 약자를 보호하는 것입니다. 따라서 국민연금이나 공무원 연금 등 연금의 기반이 있는 경우, 이 제도에서는 제외됩니다. 또한, 재산이나 차량을 보유하고 있거나 자녀의 집에 거주하는 경우, 이들은 소득으로 환산되어 차감됩니다. 부부가 수령할 경우 일정 금액(20%)을 감액하여 지급합니다.

기초 연금은 본인이 신청하거나 본인이 아니더라도 대리 신청이 가능합니다. 8촌 이내의 혈족, 4촌 이내의 인척도 가능합니다. 전국의 주민 센터 또는 행정복지센터 그리고 국민연금공단에서도 신청이 가능합니다. '복지로'를 통한 온라인 신청도 가능합니다. 만 65세 생일이 속한 달 1개월 전부터 가능합니다. 기초 연금 관련 문의는 보건복지부 콜센터 희망의 전화(129번)나 국민연금공단 콜센터(1355번)로 연락해 보면 됩니다.

공적 연금과 공적 연금 연계 제도

국가는 국민들의 노후를 보장하기 위해 국민연금을 비롯한 여러 공적 연금을 운영하고 있습니다. 이에는 공무원 연금, 사립 학교 교직원 연금, 군인 연금, 별정 우체국 연금 등이 포함됩니다. 또한, 공적 연금 간 연계 제도를 통해 노후 안정을 도모하고 있습니다. 이 제도는 직역 연금의 최소 가입 기간이 충족되지 않은 경우, 여러 연금의 가입 기간을 합산해 20년 이상일 경우 평생 연금 수령이 가능하도록 설계되었습니다. 60세 이후의 임의 계속 가입 기간은

구분	도입 연도	관련 부처 (집행 기관)	적용 대상
국민연금	1988년	보건복지부 (국민연금공단)	18세 이상 60세 미만 국민
공무원 연금	1960년	인사혁신처 (공무원연금공단)	국가 및 지방 공무원 법관, 경찰관 등
사립 학교 교직원 연금	1975년	교육부 (사립학교교직원연금공단)	사립 학교 교직원
군인 연금	1963년	국방부 (국군재정관리단)	하사 이상 직업 군인
별정 우체국 연금	1982년	과학기술정보통신부 (우정사업본부) (별정우체국연금관리단)	별정 우체국 직원

[표 3-3] 공적 연금 제도

이 연계 계산에 포함되지 않지만, 해당 기간 동안의 반납 또는 추납을 통해 인정되는 가입 기간은 포함됩니다. 이러한 정책은 국민들이 더 안정적인 노후를 맞이할 수 있도록 지원합니다(자세한 사항은 QR을 통해 확인해 보세요).

주의할 점은 연계 신청 결과 통지서를 받은 후에 취소할 수 없다는 점입니다. 연령 조건을 맞추어도 일정 금액의 소득이 있는 경우 연금액이 감액될 수 있습니다. 그러니 감액 기준을 잘 확인해야 합니다. 연계 연금은 연계 노령 연금, 연계 퇴직 연금, 연계 노령 유족 연금, 연계 퇴직 유족 연금으로 분류합니다. 유족 연금은 대상자가 사망한 경우 유족이 받는 것입니다.

국민연금

은퇴자에게 국민연금은 가장 기본적인 연금입니다. 무엇보다 궁금한 것은 조기 수령 여부일 것입니다. 우선 국민연금은 보험 원리에 따라 운영되는 사회 보험 제도입니다. 납부자가 납부한 돈을 운용하고 원금과 수익을 돌려주는 금융 상품 성격과 함께 저소득자, 경제적 약자에 대한 배려 그리고 최대한 많은 수의 국민이 연금 수령자가 될 수 있도록 각종 보완 제도를 운영합니다.

국민연금이란?

산업화 이전의 사회에서도 인간은 질병·노령·장애·빈곤 등과 같은 문제를 겪어 왔습니다. 그러나 이 시기의 위험은 사회 구조적인 차원의 문제라기보다는 개인적인 문제로 여겨졌습니다. 이에 따라 문제의 해결 역시 사회 구조적인 대안보다는 개인이나 가족의 책임 아래에서 이루어졌습니다.

그러나 산업 사회로 넘어오면서 환경 오염, 산업 재해, 실직 등과 같이 개인의 힘만으로는 해결하기 어려운 각종 사회적 위험이 부각되었고, 부양 공동체 역할을 수행해 오던 대가족 제도가 해체됨에 따라, 개인 차원에서 다루어지던 다양한 문제들이 국가 개입 필요성이 요구되는 사회적 문제로 대두되기 시작했습니다.

이러한 다양한 사회적 위험으로부터 모든 국민을 보호하여 빈곤을 해소하고 국민 생활의 질을 향상시키기 위해 국가는 제도적 장치를 마련하였는데, 이것이 바로 사회 보장 제도입니다. 우리나라에서 시행되고 있는 대표적인 사회 보장 제도는 국민연금, 건강 보험, 산재 보험, 고용 보험, 노인 장기 요양 보험 등과 같은 사회 보험 제도, 기초 생활 보장과 의료 보장을 주목적으로 하는 공공 부조 제도인 국민 기초 생활 보장 제도 그리고 노인·부녀자·아동·장애인 등을 대상으로 제공되는 다양한 사회 복지 서비스 등이 있습니다. 우리나라의 사회 보장 제도는 1970년대까지만 해도 구호 사업과 구빈 정책 위주였으나,

1970년대 후반에 도입된 의료 보험과 1988년 실시된 국민연금 제도를 통해 그 외현을 확장할 수 있었습니다.

국민연금의 보험료는 가입자의 기준 소득 월액에 연금 보험료율을 곱하여 산출합니다. 기준 소득 월액은 하한액과 상한액이 있습니다. 2024년은 37만 원과 590만 원이 기준입니다. 억대 연봉자도 월 590만 원을 기준으로 납부합니다. 연금 보험료율은 9.0%이며 회사가 절반을 부담합니다. 9.0%는 2005년 7월 이후 적용되고 있으며, 연금 개혁에 따라 상향 조정될 수 있습니다.

2011년 1월 1일 이후 사회 보험 통합 제도를 시행했습니다. 이는 3개의 사회보험공단인 국민건강보험공단, 국민연금공단, 근로복지공단이 따로 보험료를 징수하던 것을 국민건강보험공단으로 통합 운영하고 있습니다. 그렇지만 국민연금 보험료는 국민연금 기금으로 적립하여 별도로 운용합니다.

보험료 금액 및 보험료율

가입자 자격 취득시의 신고 또는 정기 결정에 의하여 결정되는 기준 소득 월액에 보험료율을 곱하여 산정합니다.

연금 보험료 = 가입자의 기준 소득 월액 × 연금 보험료율

기준 소득 월액이란

기준 소득 월액이란 국민연금의 보험료 및 급여 산정을 위하여 가입자가 신고한 소득 월액에서 천 원 미만을 절사한 금액을 말하며, 최저 37만 원에서 최고 590만 원까지의 범위로 결정하게 됩니다. 따라서, 신고한 소득 월액이 37만 원보다 적으면 37만 원을 기준 소득 월액으로 하고, 590만 원보다 많으면 590만 원을 기준 소득 월액으로 합니다.

기준 소득 월액 상한액과 하한액

기준 소득 월액 상한액과 하한액은 국민연금 사업장 가입자와 지역가입자 전원(납부 예외자 제외)의 평균 소득 월액의 3년간 평균액이 변동하는 비율을 반영하여 매년 3월 말까지 보건복지부 장관이 고시하며 해당 연도 7월부터 1년간 적용합니다.

- 2022.7.1.부터 2023.6.30.까지 적용할 최저·최고 기준 소득 월액은 각각 35만 원과 553만 원임
- 2023.7.1.부터 2024.6.30.까지 적용할 최저·최고 기준 소득 월액은 각각 37만 원과 590만 원임

국민연금은 사회 보험으로 지역 가입자 중에 다음 조건의 경우 연금 보험료를 지원합니다. 국민연금은 내가 낸 돈을 돌려받는 성격과 사회 보험 성격을 모두 갖추고 있습니다.

지역 가입자 연금 보험료 지원

법적 근거

국민연금법 제100조의4(지역 가입자에 대한 연금 보험료 지원)

목적

경제적 사유로 인한 지역 납부 예외자 중 납부 재개자를 대상으로 연금 보험료를 지원하여 사각지대에 있는 납부 예외자의 예외 기간 장기화를 방지하고 가입 기간 증대를 추진하기 위한 제도입니다.

지원 대상 및 지원 기간

사업 중단·실직·휴직으로 납부 예외 중인 지역 가입자가 일정 수준의 재산·소득 기준{재산 6억 원 미만이면서 종합 소득(사업·근로 소득 제외) 1,680만 원 미만}을 충족한 상태에서 연금 보험료 납부를 재개한 경우 지원되며 1인당 생애 최대 12개월까지(단, 실업 크레딧(법령 제한), 농어업인 연금 보험료 지원과 중복 지원 불가) 지원됩니다.

신청자 및 신청 방법

가입자 본인. 단, 부득이한 사유가 있는 경우에는 배우자 및 기타 그 가족이 신고를 대리할 수도 있습니다.

본인 신청이 신청하는 경우 전화·우편·방문·팩스·사자(使者) 신청이 가능하며 대리인이 신청할 경우 방문 접수만 가능합니다.

지원 금액

보험료 지원 대상자 1인당 월별 지원 금액은 기준 소득 월액 1,000,000원(보험료 46,350원) 이하의 경우 보험료의 50%에 해당하는 금액을 지원받고, 기준 소득 월액의 1,030,000원 보험료의 50%에 해당하는 금액(46,350원)을 정액 지원받습니다. 이때 가입자가 매월 납부할 연금 보험료에서 지원 금액을 공제한 후 고지합니다.

기준 소득 월액	월 보험료	(지원 월액)
1,000,000원	90,000원	45,000원
1,030,000원	92,700원	46,350원
2,000,000원	180,000원	46,350원

그리고 국민연금은 가입자의 가입 기간을 늘려주는 제도와 반환 일시금 반납 제도가 있습니다. 이는 가입 기간을 복원해 주고 연금 혜택을 확대하는 제도입니다. 반환 일시금을 수령한 이후 가입자 자격을 재취득한 자가 종전에 수령한 반환 일시금에 소정의 이자를 반납하면 가입 기간을 복원해 줍니다.

또한, 추후 납부 제도가 있습니다. 현재 보험료로 10년 미만의 범위에서 신청할 수 있습니다.

추후 납부(=추납)란?

추납을 신청하는 현재 시점의 연금 보험료로 추납 신청 대상 기간에 대해 납부할 수 있는 기회를 부여하는 제도로 추납 대상 기간(단, 최대 10년 미만 한도)의 범위에서 신청할 수 있습니다. 추납 개월 수만큼 가입 기간으로 추가로 인정하는 제도로 강제 사항이 아닙니다.

신청 자격

국민연금에 소득 신고하거나 임의(계속) 가입 중인 경우

추납 대상 기간

사업 중단이나 실직 등으로 연금 보험료를 납부할 수 없었던 납부 예외 기간

연금 보험료를 1개월 이상 납부한 날 이후 적용 제외된 기간

'99.4.1. 이후 무소득 배우자로 적용 제외된 기간

'01.4.1. 이후 기초 수급자로 적용 제외된 기간

'08.1.1. 이후 1년 이상 행방 불명자로 적용 제외된 기간

'15.7.29. 이후 18세 미만 사업장 가입자로 적용 제외된 근로 기간

'88.1.1. 이후 군복무 기간(단, 군복무 기간을 포함하여 최대 119개월까지만 신청 가능)

신청 기한: 자격 유지 기간 중 신청 가능

자격 상실 시 추납 신청을 할 수 없으며, 기 신청된 추납 보험료는 징수권이 소멸되지 않는 한 납부 가능합니다.

(단, 납부 기한 이후 추가 가산 이자 있음. 사망 및 연금 수급 등의 경우에는 납부 불가)

은퇴자들이 궁금해하는 것은 언제부터 받을 수 있는지입니다. 국민연금이라고 통칭하지만 구체적으로는 노령 연금이 일반적입니다. 표 3-4를 통해 급여의 종류를 알아보겠습니다. 노령 연금의 지급 개시 연령은 순차적으로 늦추어집니다. 예를 들어 1967년생은 64세입니다. 만 64세 이후에 노령 연금을 수령합니다.

<table>
<tr><th colspan="2">연금 급여(매월 지급)</th><th colspan="2">일시금 급여</th></tr>
<tr><td>노령 연금</td><td>노후 소득 보장을 위한 급여, 국민연금의 기초가 되는 급여</td><td>반환 일시금</td><td>연금을 받지 못하거나 더 이상 가입할 수 없는 경우 청산적 성격으로 지급하는 급여</td></tr>
<tr><td>장애 연금</td><td>장애로 인한 소득 감소에 대비한 급여</td><td rowspan="2">사망 일시금</td><td rowspan="2">유족 연금 또는 반환 일시금을 받지 못할 경우 장제 부조적·보상적 성격으로 지급하는 급여</td></tr>
<tr><td>유족 연금</td><td>가입자(였던 자) 또는 수급권자의 사망으로 인한 유족의 생계 보호를 위한 급여</td></tr>
</table>

[표 3-4] 국민연금 급여의 종류

출생 연도	지급 개시 연령		
	노령 연금	조기 노령 연금	분할 연금
1953~1956년생	61세	56세	61세
1957~1960년생	62세	57세	62세
1961~1964년생	63세	58세	63세
1965~1968년생	64세	59세	64세
1969년생 이후	65세	60세	65세

[표 3-5] 국민연금 개시 연령

청구 당시 연령	58세	59세	60세	61세	62세
지급률	70%	76%	82%	88%	94%

* 1964년생이 58세에 청구하는 경우 기본 연금액의 70%에 부양 가족 연금액을 합산하여 평생 지급

[표 3-6] 국민연금의 조기 노령 연금

수령 시기는 5년 이내에서 당길 수 있습니다. 조기 노령 연금입니다. 이때 최초 수령 시기를 1년을 당기면 수령액이 6%가 줄어듭니다. 1964년생은 63세를 100%로 보고 58세로 당기면 70%를 받습니다. 6%는 수명과 이자율을 반영하는 것으로 은퇴자는 이를 참고하여 선택해야 합니다. 당장 생활비가 급한 경우 조기 수령이 불가피합니다. 은퇴하고 정상 수령까지 소득이 없는 경우 조기 수령이 유용합니다. 연금 수령 시까지 생활비를 조달할 수 있고 건강하게 오래 살 생각으로 수령 시기를 늦추는 것도 좋은 선택입니

다. 향후 국민연금 재원 고갈이나 제도 변경의 두려움으로 조기 수령을 선택하는 경우도 있습니다. 그러나 정치인들이 연금 개혁도 힘들어하는데 연금 고갈을 가입자에게 전가시킬 수 있을까요?

국민연금의 수령 시기를 미룰 수도 있습니다. 노령 연금 연기 제도는 5년 이내에서 연금액의 전부 혹은 일부(50%, 60%, 70%, 80%, 90%, 100%)에 대하여 최초 수령 시기를 선택할 수 있습니다. 연기된 연금은 연금액을 매년 7.2% 올려서 지급합니다.

분할 연금 제도는 이혼한 배우자의 안정적인 노후 생활을 보장하는 제도입니다. 급여 수준은 배우자였던 자의 노령 연금액 중 혼인 기간에 해당하는 연금액의 50%에 해당합니다. 분할 비율은 2017년 이후에는 당사자 간 협의 혹은 법원의 재판으로 달리 정할 수 있습니다.

퇴직 연금

퇴직 연금은 퇴직금을 연금으로 수령한다고 보면 됩니다. 은퇴자 입장에서는 세금과 자금 사정을 확인하고 일시불로 수령할 것인지 고민할 수 있습니다. IRP로 전환하여 어떻게 운영할지를 고민해 보고 수령 방법도 결정해야 합니다.

확정 급여형(Defined Benefit Plan, DB)은 퇴직금 개념으로 회사

확정 급여형 퇴직 연금 제도(DB)

근로자가 퇴직할 때 받을 퇴직 급여가 사전에 확정된 퇴직 연금 제도입니다. 사용자는 퇴직 연금 부담금을 적립하여 자기의 책임으로 운용합니다.

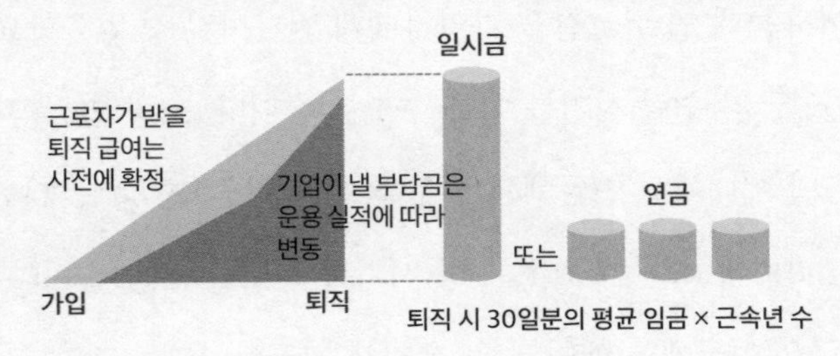

확정 기여형 퇴직 연금 제도(DC)

사용자가 납입할 부담금이 매년 근로자 연간 임금 총액의 1/12로 사전에 확정된 퇴직 연금 제도입니다. 근로자는 직접 자신의 퇴직 연금 적립금을 운용하여, 적립금과 운용 수익을 퇴직 급여로 지급받습니다.

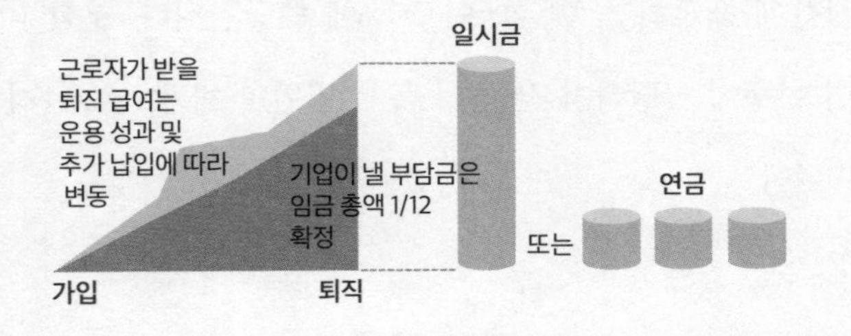

개인형 퇴직 연금 제도(IRP)

근로자가 직장을 옮기거나 퇴직하면서 지급받은 퇴직 급여를 한 계좌로 모아 노후 재원으로 활용할 수 있도록 하는 퇴직 연금 전용 계좌 제도입니다.

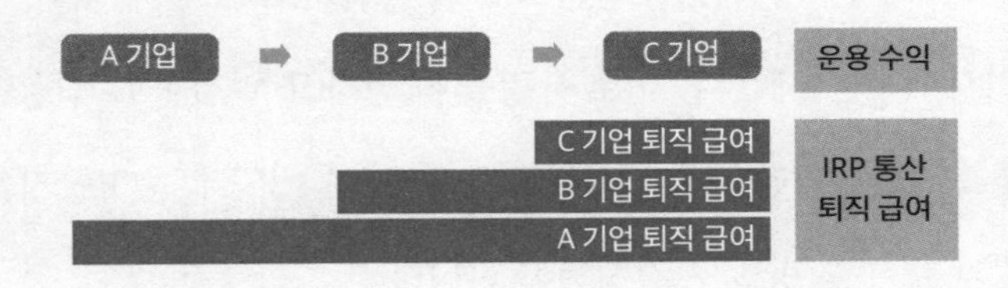

[그림 3-4] 퇴직 연금 제도 종류

가 운영하며 은퇴자 입장에서는 급여를 기준으로 확정된 금액입니다. 직장인 입장에서는 근무 기간이 길고 급여가 높아질 때 유리하고 임금 피크제는 불리합니다.

확정 기여형(Defined Contribution Plan, DC)은 매년 급여 기준으로 확정액(1/12)을 받아 근로자가 운영합니다. 은퇴 직전에 급여가 줄어도 영향이 적습니다.

개인형 퇴직 연금(Individual Retirement Pension, IRP)는 퇴직 급여를 한 계좌로 모아 노후 재원으로 하려는 제도입니다. IRP는 안전 자산(예적금, 채권)을 30% 이상으로 운용해야 하며, 실적 배당 금융 상품도 투자가 가능합니다. 특히 연금 소득세와 관련하여 과세 이연 효과가 있습니다. 원칙적으로 중도 해지 및 일부 인출이 불가합니다.

IRP와 관련하여 다음 사항에 유의해야 합니다. IRP는 계좌 관리 수수료가 있습니다. 그리고 가입 시에는 연말 정산 효과가 있어 유용합니다. 그런데 연금 수령 시에는 연말 정산 혜택을 받은 원금까지 연금 소득세를 납부합니다. 과세 이연이라 절세 효과가 있지만, 과거의 세제 혜택에도 불구하고 은퇴 이후에 세금은 납부할 때 크게 부담으로 느껴질 수 있습니다. 저율 과세 금액(소득세법시행령 별표 3) 초과 수령하면 분리 과세(16.5%) 혹은 종합 소득세를 선택해야 합니다. 연금 수령 한도는 연금 잔액을 10년 이상 수령하도록 조정합니다. (과거에는 5년 이상) 연금 수령 한도 산식은 다음과 같습니다. 연금 잔액을 (11-연금 수령 연차)로 나눈 뒤에 120%를 곱합니다. 예를 들어 2억 원이면 첫해에 2,400만 원이 연금 수령 한도입니다. 연금 수령 한도와 연금 소득세 저율 과세 기준은 다릅니다. 저율 과세 기준은 1,200만 원입니다.

주의할 점의 하나는 세금 관련 세율이나 금액 기준이 자주 바뀌기 때문에 과세는 추가로 확인을 해야 합니다. 그리고, 안전 자산은 법정 화폐의 명목 금액 기준으로 안전한 것입니다. 물가 상승률이 높으면 자산 가치가 낮아질 수 있습니다.

개인연금

개인연금은 개인적으로 노후 생활을 위해 별도로 가입한 연금입니다. 은퇴자 입장에서 개인연금은 일반 계좌와 달리 연금 소득세를 적용받으며 종합 소득세나 건강 보험료에 영향이 없습니다.

5년 이상 납입하고, 연간 1,800만 원까지 납입이 가능합니다. 세액공제는 600만 원입니다. 연금 수령 조건은 가입 이후 5년 경과와 만 55세를 기준으로 합니다.

개인연금의 운용은 안전 자산 비율 제한이 없어 실적 배당 상품 위주로 공격적으로 운용할 수 있습니다.

중도 해지 및 일부 인출도 기타 소득세(16.5%)를 부담하면 가능합니다.

은퇴자 입장에서는 IRP와 비교할 때 위험 자산 비중을 높일 수 있고 인출이 용이합니다.

부동산 담보 연금

가입은 1주택자이며, 현재 부동산 가격과 수령자 나이로 연금액이 정해집니다. 그리고 소유권이 넘어갑니다. 주택에 대해 증여 상속 계획이 없으며, 개인 소유 부동산 가격이 큰 폭으로 상승하지 않는다는 전제하에 평생 이사하지 않고 죽을 때까지 살 수 있는 좋은 제도입니다. 또한, 국민연금만으로는 노후 대비가 부족할 경우 퇴직 연금과 개인연금을 결합해 안정적인 노후 생활을 지원하는 데에도 도움이 되는 좋은 제도입니다.

03

보험: 건강, 실손 보험, 건강 보험료

은퇴자에게 보험은 계륵과 같은 존재일까요? 우리가 보험에 가입하는 주된 이유는 불확실한 사건과 경제적으로 감당하기 어려운 지출을 회피하기 위함입니다. 단, 고령화가 진행됨에 따라 보장 기간과 범위에 세심한 주의가 필요합니다. 이러한 문제를 돕기 위해 보험 클리닉 같은 서비스가 등장했습니다. 은퇴자의 상황은 다양하며, 현재의 저금리 환경은 과거보다 불리한 조건을 제시할 수 있습니다. 특히 실손 보험의 경우 필요할 때마다 보험료가 갱신되어 상승할 수 있습니다. 따라서 은퇴 자금을 면밀히 검토하고 적절히 대응해야 합니다.

은퇴자에게 보험이란?

은퇴자들은 보험과 관련해 특히 두 가지 사항에 대해 고민하곤 합니다. 첫째, 은퇴 후 병원 방문이 잦아짐에 따라 필요해진 실손 보험이 있습니다. 보험사는 보험금 지급 가능성이 높다고 판단하여 높은 보험료를 요구하는데, 이는 보험사의 입장에서 볼 때는 당연한 조치입니다. 둘째, 은퇴하면 직장 보험이 종료되고 소득이 없는 상황에서도 높은 지역 건강 보험료를 부담하라는 요구가 있습니다. 이는 그간 직장을 다니며 병원을 자주 이용하지 않고 높은 보험료를 납부해 온 배경이 있어 더욱 부담스러울 수 있습니다. 특히 고려해야 할 점은 이제는 회사에서 보험료의 절반을 부담해 주지 않는다는 것입니다.

은퇴 시점에서 보험의 의미는 무엇일까요? 보험은 사고가 발생했을 때 손실을 지원하여 안정적인 생활을 돕는 역할을 합니다. 그러나 보험료 부담은 여전히 큰 고민거리입니다. 또한, 경제적인 어려움이 생겼을 때 보험을 해약하고 중도 상환을 받을 수 있을지도 중요한 질문입니다. 보험의 중도 환급금은 대체로 적은 편인데, 이는 사업비가 많이 들고, 보험금을 지급받지 않았더라도 제공된 보장에 대한 비용이 반영되기 때문입니다.

은퇴자가 알아야 하는 보험

먼저, 은퇴자가 알아야 할 보험의 종류에 대해 살펴보겠습니다. 보험은 크게 손해 보험과 생명 보험으로 구분됩니다. 손해 보험에는 자동차 보험, 화재 보험, 해상 보험 등이 포함되며, 은퇴자에게는 특히 자동차 보험이 중요할 수 있습니다. 생명 보험은 크게 생존 보험과 사망 보험으로 나뉘며, 이는 보험금을 수령하는 시점에 따라 다릅니다. 가족을 부양해야 하는지 여부에 따라 사망 보험의 필요성이 달라질 수 있습니다. 예를 들어, 부양 가족이 없는 독신의 경우 사망 보험의 가치는 다르게 평가될 수 있습니다. 이러한 정보는 은퇴자가 자신의 상황에 맞는 보험을 선택하는 데 중요한 기준이 됩니다.

경제적으로 손실인 보험

보험은 경제적으로 손실을 의미하며, 가입자가 낸 보험료로 지급 및 운영되는 보험사는 자산 운용으로 일부 수익을 창출하지만, 투자 수익을 가입자에게 돌려주는 것이 주 목적이 아닙니다. 이러한 맥락에서 보험은 기본적으로 경제적 손실을 감수해야 할 상품입니다(단, 보험은 세금 절감 효과를 제공하며, 장기 보험은 증여와 상속에서도 절세 혜택이 가능합니다).

특히 실손 보험은 은퇴자에게 중요한 고려 사항입니다. 나이가

TIP. 머피의 법칙

그렇다면 경제적으로 여유가 있으면 실손 보험을 들지 말아야 할까요? 중요한 것은 현재 시점에서 자신의 건강과 현금 흐름을 감안하여 선택해야 한다는 것입니다. 그리고 실손 보험료는 건강에 대한 기회 비용으로 생각하고, 머피의 법칙을 믿어야 합니다.
'보험에 가입하면 보험료 받을 일이 없다.'라고 이렇게 생각하면 될까요? 실손 보험에 가입하지 않으려면 좀 더 건강 관리에 신경 쓰면 될까요? 건강 관리는 역시 가장 중요한 돈 버는 은퇴 생활 방법입니다.

들면서 질병 위험이 증가하므로 보험 가입을 원하지만 신규 가입은 어렵고, 기존 보험의 보험료는 계속 오릅니다. 보험이 본질적으로 경제적 손실을 수반하는 상품이라는 점을 고려하면, 나이가 들수록 보험료가 상승하는 것은 불가피합니다. 보험을 건강 유지 비용으로 간주하면 심리적 부담을 줄일 수 있습니다.

사회적 차원에서는 보험의 역설이 문제를 일으킵니다. 실손 보험의 보급이 확대됨에 따라, 비보험 항목을 중심으로 치료비가 증가하는 현상이 나타납니다. 실손 보험이 없다면 제대로 된 치료를 받기 어려운 상황이 발생할 수 있습니다. 이러한 경향성 때문에 보험사들은 실손 보험에 대한 손실을 지적하며 보험료 인하가 어렵다는 입장을 취하고 있습니다.

보험 회사의 연금

보험 회사의 연금 상품에는 상속형, 확정형, 종신형이 포함되어 있습니다. 상속형 연금은 이자를 수령하는 동시에 원금이 상속될 수 있으며, 이때 상속세가 적용됩니다. 확정형 연금은 은퇴자가 수령할 기간을 사전에 확정하고, 이 기간에 정해진 금액을 받는 구조입니다. 이는 은퇴자가 자신의 자산을 직접 관리하는 대신 금융기관을 통해 안정적으로 관리받고 싶을 때 선택하는 옵션입니다. 이는 사람들이 보유한 돈을 종종 사용하게 되므로, 규칙적이고 예측할 수 있는 수입을 제공합니다. 종신형 연금은 가입자가 사망할 때까지 지속적으로 연금을 수령할 수 있는 상품으로, 평생 금융 안정성을 제공합니다.

보험 클리닉

우리는 언제든지 보유한 보험을 확인할 수 있습니다. 최근에는 보험 클리닉이 새로운 산업 분야로 자리 잡고 있습니다. 금융 시장에서는 다양한 맞춤형 보험 서비스와 클리닉 서비스를 제공하고 있습니다. 보험 클리닉은 인간의 수명이 길어지고 새로운 질병이나 위험이 등장함에 따라 보험 기간을 조정하고 이에 맞추어 보험을 보완하는 목적으로 등장했습니다. 30년간의 직장 생활 동안 여러 이유로 지인을 통해 많은 보험에 가입했습니다. 그 과정에서 약관이나 보장 내용을 제대로 확인하지 않은 경우가 많았습니다.

보험 클리닉의 중요성은 여기에서 드러납니다. 보험은 수익 창출 목적의 금융 상품이 아니라, 예상치 못한 상황에 대비하여 경제적 손실을 보완해 주는 수단입니다. 은퇴자들에게는 이런 서비스가 더욱 중요합니다. 오랜 직장 생활 동안 가입한 보험들은 과거의 높은 금리 조건을 반영하고 있어, 현재 시장의 낮은 이자율에 비해 더 좋은 조건을 제공할 수 있습니다. 따라서 보험 클리닉을 통해 보장 내용을 재검토하고 필요한 보완을 할 수 있으며, 이는 은퇴 후 경제적 안정성을 크게 향상시킬 수 있습니다.

지역 건강 보험료

지역 건강 보험료는 직장 보험과 달리 은퇴자가 전액을 내야 합니다. 직장에서는 직원이 절반만 부담합니다.

지역 건강 보험료는 집을 포함한 자산에 대해서 납부하는 점에서 차이가 있습니다. 예전에는 자동차도 포함했었습니다. 금융 소득이 1천만 원을 넘으면 직장과 관계없이 별도의 건강 보험료가 추가됩니다. 참고로 금융 소득 과세에서는 분리 과세가 15.4%이고 종합 소득세가 6~45%라서 추가 납부하려면 금융 소득이 5천만 원 수준은 되어야 합니다.

금융 소득에서 제외되는 항목은 개인연금, IRP, 비과세 ISA 그리고 퇴직금을 IRP로 옮긴 경우입니다. 지역 건강 보험에 가입할 때 보험료는 얼마나 될까요? 지역 건강 보험료를 산출할 때 국민연금의 노령 연금은 절반만 반영합니다. 기타 금융 소득은 100% 반영합니다. 예를 들어 금융 소득이 1천만 원이면 월 6.6만 원으로 연 8% 수준입니다. 주택, 건물, 토지는 과세 표준 기준입니다. 과세 표준(과표)으로 3억 원이면 월 15만 원, 과표로 10억 원이면 월 24만 원 수준입니다. 과거에는 자동차도 8년 이내 잔존 가치 4천만 원 이상이면 보험료가 추가되며, 새 차의 경우 최고 월 5만 원이 추가되었습니다.

자영업의 경우, 종업원이 없으면 지역 건강 보험료를 납부합니다. 4대 보험을 지급하는 직원이 있으면 직장 보험입니다. 이때 사장님은 종업원보다 많은 소득을 신고해야 합니다.

04

예·적금 투자 상품: 기대 수익, 손실 위험, 헤지

예금과 적금은 안정성을 바탕으로 하는 명목 화폐 기준의 상품입니다. 반면, 투자 상품은 높은 수익을 꿈꾸지만, 그만큼의 손실 위험도 감수해야 합니다. 이론상 모든 투자의 기대 수익률이 동일하다고는 하나, 은퇴자들은 자산의 안정성에 더 큰 가치를 두게 됩니다. 그러나 시장을 능가하는 개인 투자자는 드물기 때문에, 현실적인 기대치를 설정하는 것이 중요합니다. 투자에는 항상 명목 금액을 잃을 위험이 있지만 인플레이션이 발생했을 때, 투자 상품은 인플레이션에 대응할 수 있는 헤지 기능도 있습니다. 이는 예금, 적금과 투자 상품을 균형 있게 활용해야 하는 이유입니다.

은퇴자의 투자는 수익이 목적

은퇴자의 투자는 수익이 목적입니다. 경험이나 학습은 목적이 되어서는 안 됩니다. 은퇴자의 의사 결정의 제1원칙은 수익이 되어야 합니다. 투자의 수익률에 영향을 주는 것은 잦은 매매가 아니라 여유입니다. 반드시 현금 보유 비율을 관리해야 합니다. 물론 필요한 경우는 감당할 수 있는 수준에서의 레버리지를 활용해야 합니다. 이것이 자산 관리의 출발입니다.

매매 대신 투자를 해야 하는 이유

은퇴자는 자산 관리에 있어서 매매보다는 투자에 중점을 두어야 합니다. 매매는 단기적인 가격 변동에 따라 자산을 사고파는 행위입니다, 반면 투자는 저평가되었거나 성장 잠재력이 있는 자산을 장기적으로 보유하는 것을 의미합니다. 예를 들어, 삼성전자 주식을 5만 원에 매입하여 7만 원에 매각하는 것은 매매의 예시이지만, 성장성이 높은 IT기업에 장기 투자하는 것은 투자 행위입니다.

은퇴자가 금융 시장에서 전문 투자자들과 경쟁하여 평균 이상의 수익을 올리기는 매우 어렵습니다. 이들 전문가는 관련 지식과 정보, 회사에서 제공하는 리서치 지원 등을 바탕으로 크고 다양한 투자를 진행합니다. 따라서 은퇴자에게는 그들을 인정하고 평균 수익을 목표로 하는 것이 더 합리적일 수 있습니다.

빈번한 매매는 거래 비용의 증가로 이어지며, 이는 장기적으로는 평균 수익률을 저하시킬 수 있습니다. 예를 들어, 투자자가 한 번은 20%의 수익을 얻고, 다른 한 번은 20%의 손실을 경험한다면, 이는 단순히 본전이 아니라 실제로는 손실입니다. 100의 자산이 20% 수익으로 120이 되었다가, 이후 20% 손실을 겪어 96이 되면, 총 4%의 손실이 발생하는 것입니다.

따라서 은퇴자에게는 인덱스 상품이나 ETF와 같은 장기적인 투자 상품을 활용하는 것이 권장됩니다. 이러한 상품은 매매보다는 투자에 초점을 맞추고, 시장의 평균 수익률을 따르는 전략을 가능하게 합니다. 투자의 성공은 매매 시점뿐만 아니라, 자산의 선택과 그 위치가 중요하다는 점을 잊지 말아야 합니다.

자산 관리 시 유념해야 할 다섯 가지

자산 관리에 대해 은퇴자들이 유념해야 할 주요 사항들은 다음과 같습니다.

첫째, 투자의 기본은 위험과 수익의 상반 관계, 즉 Trade Off입니다. 높은 수익을 추구하면 큰 손실의 위험도 감수해야 하며, 낮은 위험을 선택하면 수익도 제한적일 수밖에 없습니다. 우리가 모두 원하는 것은 원금을 보호하면서 높은 수익을 얻는 것이지만, 이는 실제로는 불가능한 일입니다.

둘째, 투자에 따른 수익률의 기대치는 이론적으로 동일합니다. 이는 시장 자산 가격이 균형 가격에 도달한다는 이론에 기반합니다. 예를 들어, 은행 예금, 펀드, 부동산 등 모든 투자 수단의 기대 수익률은 이론상 동일하다고 할 수 있습니다. 하지만 실제 투자 결과는 개인별로 차이가 날 수 있습니다. 마치 주사위 던지기에서 모든 사람의 기댓값이 같지만, 결과는 다르듯이, 개인의 시장 예측에 따라 실제 수익률도 달라집니다.

셋째, 금융 시장은 특별한 기회를 개별적으로 제공하지 않습니다. 모든 참여자는 동일한 정보에 접근할 수 있으며, 어떤 개인이나 기관도 특별한 이점을 제공할 수 없습니다. 시장의 모든 정보는 공개적이고, 이를 통해 평등한 기회가 주어집니다.

넷째, 시장 가격은 균형 가격으로 받아들여지며, 우리는 이 가격을 만드는 'Price Maker'가 아닌, 주어진 가격에 따라 행동하는 'Price Taker'입니다. 이는 개인 투자자가 시장 가격에 큰 영향을 줄 수 없음을 의미합니다.

마지막으로, 투자의 성과를 평가할 때는 이자율의 수익을 기본으로 생각하고, 인플레이션에 따른 명목 가치의 변동도 고려해야 합니다. 예를 들어, 주식의 평가액이 지난해와 동일하면 실질적으로는 인플레이션을 고려할 때 손실을 본 것과 같습니다. 3년간 25%의 인플레이션이 발생했을 경우, 집값이 동일하다면 실질적으로 25%의 손실을 겪는 것입니다.

읽어 보면 당연한 이야기이지만, 막상 투자를 시작하면 많은 사람들이 잊게 되는 내용입니다.

은퇴자에게 바람직한 투자 방법

은퇴자에게 바람직한 투자 방법은 자산 포트폴리오를 전략적으로 구축하여 인플레이션에 대비하는 것입니다. 이 접근법은 장기적인 관점에서 자산 선택에 중점을 두며, 평균 수익률을 추구하는 인덱스 상품에 투자하는 것을 포함합니다. 은퇴자는 개별 종목에 대한 정보에 과도하게 의존하기보다는, 넓은 시장 데이터와 분석을 바탕으로 한 결정을 내리는 것이 중요합니다.

또한, 변화하는 세계 경제에서 고령화 사회, 디지털 전환, 문화 산업과 같은 미래 지향적 산업을 고려하여 해당 분야의 리더 기업에 투자하는 것도 중요합니다. 인플레이션 상황에서는 글로벌 인덱스에 투자하여 자산 가치를 유지하고 성장시키는 방법이 효과적입니다. 이와 관련해서는 4장에서 좀 더 구체적으로 다루도록 하겠습니다.

TIP. 투자와 세금

동일한 경제 효과를 얻을 때, 세금이 동일할까요? 양도세와 금융 투자 소득세에는 기본 공제가 있습니다. 기본 공제는 매년 적용하므로 활용해야 합니다. 연말에 필요하면 매매를 하고, 절세가 가능한 투자 방법을 활용해야 합니다. 금융 상품에 따라서, 비과세, 분리 과세, 분류 과세, 종합 과세 등이 있습니다. 주식 매매로 얻은 수익은 비과세입니다. 해외 주식은 양도세가 있습니다. 주가 연계 금융 상품은 배당 소득세를 부담합니다. 파생 상품의 매매 수익은 개인은 양도세가 있고 펀드 등 금융 상품은 비과세입니다. 주식의 배당, 채권의 이자 그리고 금융 상품의 수익은 과세입니다.

현금 흐름 만들기 사례

현금 흐름을 생성하기 위해 여러 금융 상품을 활용할 수 있습니다. 이 중 하나는 배당을 통해 현금을 수령하는 방법입니다. 배당이 많고 안정적인 상품을 찾는 것이 중요합니다. 대표적인 예로는 고배당주가 있으며, 맥쿼리인프라와 같은 종목이 잘 알려져 있습니다. 은퇴자는 이러한 고배당 종목을 직접 매입할 수 있습니다. 또한, 금융 기관에서 제공하는 다양한 펀드를 통해서도 배당 수익을 얻을 수 있습니다. 이들 상품을 통해 안정적인 현금 흐름을 구축하는 것이 가능합니다.

ARIRANG 고배당주 ETF, '밸류업' 수혜에 순자산총액 3000억 원 돌파

한화자산운용 'ARIRANG 고배당주' 상장 지수 펀드(ETF)가 순자산 총액 3,000억 원을 돌파했다고 6일 밝혔다.

한화자산운용에 따르면 지난해 말부터 2월 2일까지 'ARIRANG 고배당주' ETF의 순자산 총액은 1,200억 원가량 증가하며 3,282억 원(2일 기준)을 기록하고 있다. 한 달 남짓한 기간 동안 순자산 총액이 약 31%가량 늘었다.

한화자산운용은 상승세의 배경으로 최근 정부가 '코리아 디스카운트'를 해소하기 위해 추진하고 있는 '기업 밸류업 프로그램' 도입 계획을 꼽았다. 'ARIRANG 고배당주' ETF의 구성 종목은 금융 섹터가 약 62.58%로 가장 높은 비중을 차지하고 있다.

해당 ETF는 유동 시가 총액 상위 200개 종목 중 예상 배당 수익률 상위 30종목을 선정하여 운용하며, 주요 구성 종목은 △하나금융지주 △기아 △기업은행 △우리금융지주 △KB금융 △한국가스공사 △삼성카드 등이다. 총보수는 0.23%다.

- [뉴스원] 2024년 2월 6일

둘째, 배당 성향이 높은 국내외 금융 상품에 주목할 필요가 있습니다. 부동산에 투자하여 임대료로 배당을 실현하며, 국내 상장된 리츠는 3개월마다 배당을 진행합니다. 배당 시기가 다양하기 때문에, 배당 월을 분산 투자함으로써 위험 관리와 현금 흐름의 안정성을 동시에 확보할 수 있습니다.

셋째, 채권 투자도 고려해 볼 수 있습니다. 채권은 이자(쿠폰) 지급 시기를 분산할 수 있어 현금 흐름 관리에 유리합니다.

은퇴자는 배당을 통해 현금 흐름을 생성하는 것의 중요성을 이해해야 합니다. 그러나 배당주에 투자할 때는 주가나 자산 가격의 상승이 제한될 것이라는 가정을 해야 합니다. 배당이 풍부하고 자산 가격 상승으로 인플레이션 헤지 효과를 누릴 수 있다면 이상적입니다만, 보통은 두 가지 이점을 동시에 얻기 어렵습니다. 인생과 투자에는 선택이 필요합니다. 인플레이션과 가격 상승을 예상할 경우, 배당을 포기하고 비트코인, 금, 미국 ETF 등을 매입해 수익의 일부를 생활비로 사용하는 전략도 가능합니다.

배당 상품은 배당의 불확실성과 자산 가치 하락이 주요 위험 요소이며, 위험 자산은 가격 하락과 은퇴자의 자금 관리에 대한 불신으로 위험할 수 있습니다.

투자 위험과 은퇴자의 대처 방안

시장 위험은 투자한 자산의 가격이 하락할 때 발생하는 손실을 말합니다. 반면, 신용 위험은 투자한 자본과 예상 수익을 회수하지 못하는 경우를 지칭합니다. 은퇴자에게는 시장 위험을 철저히 관리해야 하며, 신용 위험은 가능한 한 피해야 합니다. 특히, 다단계 사업이나 사기, 일부 전문가들이 제안하는 고수익 프로젝트는 실체보다는 신용 위험이 더 큰 문제로 작용합니다. 자칭 전문가들의 주장에만 의존해서는 안 됩니다. 은퇴 후에는 믿을 수 있는 사람은 자신과 배우자뿐입니다.

은퇴 직후 자산 부족과 수익 필요성은 판단력을 흐릴 수 있으며, 이는 사기꾼들의 이상적인 표적이 됩니다. 사회적으로도 이 문제는 심각하여, 은퇴 자금을 사기당한 사람들이 주택을 잃고 고시원 등에서 생활하는 경우가 10만 명에 달한다는 보도가 있었습니다. 이러한 위험을 피하고자 은퇴자는 신중하게 자산 관리 전략을 수립하고, 검증된 금융 상품에만 투자하는 것이 중요합니다.

05

세금 관리: 은퇴자를 위한 절세 전략

세금은 우리 소득과 자산의 규모에 따라 정해집니다. 대부분 누진세 체계를 따라, 더 많은 소득이나 자산을 가진 이들이 더 많은 세금을 내게 됩니다. 세금은 단지 소득세만이 아니라, 우리가 지출을 할 때도 곳곳에서 우리를 따라다닙니다. 이러한 이유로 우리의 경제 활동은 거의 세금과 떼려야 뗄 수 없는 관계에 있습니다. 이런 맥락에서 은퇴자들은 세금에 대한 깊은 이해를 바탕으로, 주어진 소득과 자산으로 가능한 효율적으로 세금을 납부하는 방법에 큰 관심을 보입니다. 이들에게 같은 경제적 효과를 위한 절세 전략은 중요한 관심사입니다.

세금의 이해

세금은 국가 운영의 기본 재원입니다. 은퇴자도 소득과 자산에 따라 세금을 납부해야 하며, 절세 방안을 찾는 것은 규정의 테두리 안에서 이루어집니다. 소득이 발생하면 세금도 발생합니다만, 특정 상황에서는 세금이 제외되거나 이연될 수 있습니다. 대표적으로 소액 투자자에게 적용되는 자본 소득세 면제가 있습니다. 금융 상품의 이익에 대해서도 이자 소득세나 배당 소득세를 내야 하고, 일부 상품에는 비과세 또는 분리 과세 혜택이 적용됩니다. 보험 등의 장기 가입 상품에도 세제 혜택이 주어집니다.

정부는 예산 증가에 따라 세금도 늘려야 하지만, 선출직 지도자들은 감세 정책을 시행하곤 합니다. 질병이나 경제 상황으로 국민 일부가 어려움을 겪을 때는 세금을 통한 지원이 이루어지지만, 이는 재정 적자와 국가 부채 확대로 이어질 수 있습니다. 이로 인한 통화 발행은 유동성 증가와 인플레이션을 초래할 수 있습니다. 세금을 납부하는 것은 공동의 책임이며, 부족한 세금은 결국 사회 전체에 부담으로 돌아옵니다.

대부분의 세금은 국세청이 납부 금액을 결정하여 요청하지만, 양도 소득세나 종합 소득세는 납세자가 직접 신고합니다. 세원에 대한 전산화로 대부분의 계산은 세무 당국이 수행하며, 일부 기부금을 제외하면 신고하는 제도로 운영됩니다.

은퇴자에게 세금이란?

은퇴자에게 연금은 주요 소득원이며, 이에 따른 은퇴 소득세가 발생합니다. 자산을 보유한 은퇴자의 경우, 자녀에게 자산을 양도하거나 상속할 때 세금 문제가 큰 고민거리입니다. 현재 증여세의 면세 범위는 자녀 1명당 10년간 5천만 원이며, 결혼 시 추가로 5천만 원, 자녀 출산 시에도 추가로 5천만 원이 부여됩니다(각 1억 원으로 확대할 것으로 알려져 있습니다).

납부하는 세금의 세율과 기준 가격에는 알려진 것과 다소 차이가 있을 수 있습니다. 예를 들어, 재산세의 경우 세금은 공시 가격 수준인 기준 가액을 기준으로 부과되며, 실제 시장 가치가 아닙니다. 10억 원짜리 아파트의 경우, 70% 수준인 7억 원을 기준으로 세금이 계산됩니다. 일반적으로 재산세율은 0.4%로 알려졌지만, 지역에 따라 0.5%에서 0.8%까지 납부할 수 있습니다. 따라서 납부한 재산세 고지서를 자세히 확인하는 것이 중요합니다. 또한, 지방세, 교육세, 농특세, 도시 개발 분담금 등 추가적인 세금도 부과될 수 있습니다.

증여세

증여세는 국내외 모든 자산에 대한 증여일 현재의 시가로 평가한 증여 재산 가액을 기준으로 산출합니다. 이때, 사회 통념상 인정되는 피부양자의 생활비와 교육비는 비과세 대상이며, 증빙이 가능한 경조사비와 공익 법인 등에 출자한 재산도 과세액에서 제외됩니다. 그리고 부채는 차감합니다. 가업 승계의 경우에는 혜택을 줍니다.

다음은 증여세 없이 증여를 하는 경우와 10% 혹은 20% 세율로 자식에게 증여하는 방법입니다. 매 10년마다 자식에게 증여하면 자식에게는 큰 자산이 됩니다. 그리고 그것을 재원으로 장기 투자를 하면 큰돈이 됩니다. 표 3-7은 비속에게 10년 단위로 4번 증여하는 예시입니다. 현재의 증여 세율을 적용하면 비과세로 1.4억 원을 증여할 수 있습니다. 세율 10%를 적용하는 최대 증여는 5.4억 원이며 세금은 4천만 원입니다. 세율 20%는 5억 원까지 적용하므

시기	세율 0%	세율 10%	세금	세율 20%	세금
0	2,000	12,000	1,000	52,000	9,000
10	2,000	12,000	1,000	52,000	9,000
20	5,000	15,000	1,000	55,000	9,000
30	5,000	15,000	1,000	55,000	9,000
합계	14,000	54,000	4,000	214,000	36,000

[표 3-7] 자녀에 대한 증여 사례 (단위 : 만 원)

로 최대 21.4억 원 증여가 가능하며 세금은 3.6억 원입니다(세금을 1.2억 원을 부담하면 9.4억 원을 증여할 수 있습니다). 결혼과 출산의 경우 추가 비과세 정책이 시행된다면 좀 더 많이 증여할 수 있습니다. 비과세로는 가족에게 증여할 것을 생각하고 금융 자산이 있다면, 혹은 부동산의 일부 지분을 포함하여 장기 계획을 세우고 증여할 수 있습니다.

우리 사회에서 관심이 많은 부동산의 재건축이 있습니다. 부모 소유의 집에 대해 자식에게 1~2% 지분을 증여하고, 재건축할 때 자식이 조합원으로 참여하면 주식 시장의 IPO처럼 비용과 세금을 절약하고 증여가 이루어질 수 있습니다.

상속세

상속세는 증여와 달리 사망한 경우입니다. 증여세와 비교할 때 공제가 많고 사전 증여, 가족 구성에 따라 다양한 사례가 존재합니다. 상속 자산이 많으면 30억 원까지 공제가 되지만 금액이 커서 납부 세액은 작지 않습니다. 납부 세액의 차이는 가족 간의 자산 분할에 따라 달라집니다. 아들과 며느리, 딸과 사위에 대해서도 과세가 다를 수 있습니다.

상속세는 유산 중심의 과세이고, 연대 납세가 가능합니다. 연대 납세로도 세금을 줄일 수 있습니다. 사망 6개월 이내에 신고하고, 신고를 기준으로 납부합니다. 세액이 크면 분할 납부도 가능합니다. 빌딩처럼 부동산 물건이 큰 경우에도 시가로 과세하며, 대출의 유무에 따라서도 달라집니다. 빌딩을 직접 상속하는 경우와 매각 후 현금으로 상속할 때 다릅니다. 상속세 납부할 때 사망 직전 10년간 증여를 정산합니다. 상속 종료 이후에도 상속을 받은 사람의 재산이 증가하는 경우 자금 출처의 소명이 되지 않으면 추징합니다. (상증세법) 부채와 관련해서도 상속 이후에도 관리합니다.

상속세를 산출할 때 보험의 경우 계약자는 물론 보험료 실제 납입을 확인합니다. 실제 보험료 납입자를 확인하는 것입니다.

종합 부동산세

부동산 가액이 높을 경우 종합 부동산세를 납부해야 합니다. 이를 고려하여 재산 증여를 검토하는 것도 하나의 방법입니다. 금융소득 종합 과세에 대해서는 금융 상품과 자산별 세제를 이해하고 대응하는 것이 중요하며, 건강 보험료에도 영향을 미칩니다.

중요한 점은 소득이 있으면 세금을 납부해야 한다는 것이며, 정책의 집행을 위해 수시로 변동이 되기 때문에 정확한 내용을 파악하려면 반드시 확인해야 합니다. 세제에 대한 이해는 간단히는 유튜브의 관련 영상을 조회하여 확인할 수 있습니다. 제도가 수시로 바뀌기 때문에 영상의 업로드 일자를 확인해야 합니다. 그리고 제도에 대한 확인은 최종적으로 국세청 홈페이지 등 정부가 제공하는 자료에 근거해야 합니다.

은퇴 후 안정적인 수익을 위해 다주택자가 되어 월세를 받는 상황을 생각해 봅시다. 다주택 소유자는 재산세와 부동산 가격에 따라 종합 부동산세를 납부해야 합니다. 현재 다주택자에 대한 중과세는 유예되어 있지만, 이 정책이 재개될 경우 보유 주택 수를 확인하고, 특정 물건이 주택 수 산정에서 제외되는지 검토해야 합니다. 주택 임대업자는 크게 두 종류로 나뉘며, 일부는 특정 조건 하에 임대업으로 등록된 사례가 있습니다. 예를 들어, 2017년경에는 8년 및 4년 임대 조건을 충족하는 아파트를 대상으로 한 특별법에 따라 임대 주택 제공이 이루어졌습니다. 이후로 임대 기간이 변동되었으며, 아파트의 경우 임대업자 자격의 연장이나 신규 등록이 제한되고 있습니다.

월세나 전세를 통한 임대 수익은 소득으로 간주되어 임대 소득세가 부과됩니다. 전세의 경우, 기본 공제액은 3억 원이며, 이를 초과하는 수익에 대해서는 은행 이자율에 준하는 간주 소득이 산정됩니다. 임대 소득이 있는 경우, 건강 보험의 피부양자 자격을 잃게 되며, 직장이 없는 경우 개인이 지역 건강 보험에 단독으로 가입해야 합니다.

금융 소득 종합 과세

금융 종합 소득세에 대해 이렇게 이해할 수 있습니다. 이자와 배당 등의 금융 소득은 대부분 종합 과세 대상이나, 일부 상품은 분리 과세 대상입니다. 특히 많은 은퇴자가 이용하는 IRP(개인형 퇴직연금)는 분리 과세를 적용받습니다. 퇴직 연금이나 개인연금(연금 저축)에서는 연간 1,200만 원을 초과하는 소득에 대해 금융 종합 소득세가 부과됩니다. 이와 함께 일반적인 소득이나 자산 관리에는 IRP 계좌와 ISA(개인 종합 자산 관리 계좌)를 활용하는 것이 좋습니다. 예·적금은 이자율이 낮고, 국내 주식은 대체로 비과세입니다.

요약하면 IRP, ISA 이외에 채권, 금융 상품 등에서 이자 배당 소득이 금융 소득으로 1천만 원이 넘을 수 있는가를 판단하는 것이 금융 종합 과세에 대응하는 전략입니다. 은퇴 후 다른 소득이 없다면 금융 소득에 대한 세금 부담은 크지 않을 수 있습니다. 금융 소득은 보통 15.4%의 원천 징수율을 적용받지만, 금융 종합 과세는 6~45%의 세율이 적용됩니다. 따라서 금융 소득이 대략 5천만 원 수준까지는 추가 납부가 발생하지 않습니다. 또한, 금융 종합 과세 대상이 되더라도 환급이 안 되는 점은 아쉬울 수 있으나, 산출 세액이 분리 과세보다 크지 않다면 큰 부담은 없습니다. 물론 금융 종합 소득자로서 금융 거래 정보의 노출은 세금 문제를 넘어서는 별도의 걱정거리가 될 수 있습니다.

양도세(부동산)

은퇴자는 보유 주택을 매각하고 다운사이징할 때도 양도세가 발생합니다. 양도세는 1년 단위로 신고하여 납부하는 분류 과세입니다. 다주택자가 집을 매각한다면 1년 단위로 분산하는 것이 바람직합니다. 중과가 적용된다면 세금 측면에서는 양도 차익이 적은 물건을 먼저 처분하는 것이 유리합니다. 물론 향후 부동산 가격의 변동으로 손익은 달라질 수 있습니다. 양도세를 아끼려고 판 물건이 상승하고 보유 물건은 그대로라면 아쉬울 것입니다.

양도세는 연간, 그룹별, 개인별 합산입니다. 종합 부동산의 중과를 위하여 세대별 주택 수를 판단하는 경우 이외에는 세금은 원칙적으로 개인별 과세입니다. 부부가 집을 한 사람 명의로 보유했는지 혹은 공동 명의로 보유했는지에 따라 고가 주택의 경우에 양도세에 차이가 발생합니다.

부동산 양도 시 필요한 경비를 차감합니다. 복수의 부동산을 양도한 경우 같은 해에 발생한 손실은 차감합니다. 양도세를 산출한 이후에 보유 기간, 실거주 기간 그리고 보유자 연령에 따른 감면이 있습니다.

은퇴자들의 관심은 양도와 증여의 세금 부담과 경제적 효과일 것입니다. 부동산의 경우 자식이 소득이 있다면 가족 간 매매를 할 수 있습니다. 이 경우 국세청 입장에서는 예의주시할 것입니다.

해당 거래와 관련한 돈의 흐름을 증명할 수 있도록 미리미리 잘 준비해야 합니다.

06

존비속 부양: 선택의 여지가 없는 문제

자산 관리란 우리가 처한 상황에서 가장 합리적이고 효율적인 방안을 모색하는 과정입니다. 그러나 우리가 직면한 조건 중에는 선택의 여지가 없는 것들도 존재합니다. 특히, 가족 구성원 간의 관계, 즉 부모와 자녀 그리고 이들의 부양은 우리가 선택할 수 없는, 당면한 현실입니다. 은퇴자들에게 자녀 및 부모 부양과 관련된 시간과 재정의 투입은 개인적인 고민으로 남아, 다른 이와 공유하기에는 꺼려지는 주제가 됩니다. 은퇴 생활을 준비하는 과정 자체가 만만치 않음에도 불구하고, 가족 부양은 우리에게 주어진 불가피한 조건으로, 은퇴자산 관리의 중요한 부분을 차지하게 됩니다.

선택할 수 없는 운명

인생은 선택의 연속입니다. 그러나 우리가 부모를 선택할 수는 없었습니다. 또한, 자식도 선택할 수 없습니다. 가족은 선택이 아니라 운명입니다.

직장 생활 30년을 마치고 은퇴 생활 30년을 시작합니다. 부모님이 살아계신다면 부모님의 경제적 상황이나 건강 상태와 관계없이 가족이므로 책임져야 합니다. 친가와 처가, 시댁과 친정 부모님 중에 살아계신 부모님은 연로하셨을 것이고 아마도 한두 개 정도의 지병이 있으실 겁니다. 은퇴하고 주어지는 시간의 많은 부분은 그 분들을 위하여 사용하게 될 겁니다. 병원을 모시고 다니고 말벗을 해 드리게 됩니다. 그런데 시간뿐만 아니라 돈도 많이 필요합니다. 부모님 중에는 경제력이 충분하지 않은 분들이 있을 가능성이 높습니다. 부모님은 모두가 가난했던 시대를 살며 우리를 키우셨습니다. 내가 대학에 다닌 것이 부모님의 노후 자금인 작은 논을 팔아서 다닌 것이고 전 재산인 소를 팔아서 다닌 경우도 많습니다.

이런 말이 있습니다. '부모님의 건강을 걱정하고 싶다.' 은퇴자 입장에서 시간과 돈이 필요한 부모님 부양이 가능하다면 행복한 것입니다. 돌아가시면 걱정하고 싶어도 걱정할 대상이 없어 후회하게 될 수 있습니다.

은퇴를 했지만 늦게 결혼을 한 경우 자녀가 아직 학교에 다닙니다. 중고등학교에 다니거나 초등학교에 다니는 경우도 있습니다. 은퇴자는 은퇴를 했지만 자녀 교육 등 양육의 의무는 유지됩니다.

시간과 돈이 필요한 부양

가족 및 친지에 대한 부양의 상황은 다양한 사례가 있으며, 여유로운 은퇴 자산이 있는 경우가 아니라면 시간과 돈의 문제로 연결됩니다. 지금 은퇴자의 정서상 모른 척하기 힘든 사안이기 때문입니다.

은퇴를 하면 경제적 소득도 줄지만 건강도 악화되기 시작합니다. 자신의 건강 관리도 중요한 시점입니다. 그런데 노부모의 건강은 더욱 안 좋을 시기입니다.

구체적으로 얘기해 보겠습니다. 그나마 직장에 다닐 때는 오히려 직장이 바쁘다는 핑계라도 가능했습니다. 이제 시간이 많은 은퇴자이니 시간을 많이 들여야 하는 일에 대해 우선권이 생깁니다. 노부모가 정기적으로 병원에 다니시면 모시고 다녀야 합니다. 그런데 거동이 불편하면 혼자 해결하기 어렵습니다. 노화로 인해 동네 병원에 다니는데 구급차를 부를 수도 없습니다. 택시를 부르면 호출 이후에 탑승과 하차 그리고 병원에서의 이동이 원활하지 못합니다. 자식으로서 당연한 도리로 은퇴자가 부부 둘이서 노부모를 병원에 모셔야 합니다. 친가, 처가 노부모 네 분의 건강과 관련하여 병원에 다니는 일만 해도 시간이 많이 필요합니다. 은퇴자에게 약간의 경제적인 여유가 있다면, 혹은 여유가 없어도 노부모와 관련된 비용이 발생할 수 있습니다.

은퇴 후 생활비를 300만 원 예상했는데, 노부모 중 한 분이 치매라 계속 돌볼 수가 없어 월 250만 원을 지불하고 돌봄 서비스를 받아야 하는 경우가 발생할 수도 있습니다.

은퇴자들의 대부분이 베이비부머 세대입니다. 이들 세대는 평생 자식을 키웠습니다. 그리고 노부모를 부양하는 것을 운명으로 받아들입니다. 그런데 자식을 위한 대한 보모 역할도 합니다. 자식의 자식을 나 몰라라 할 수도 없습니다. 이제 젊은 세대들이 양육의 어려움으로 아이를 출산하지 않습니다. 아이를 출산하면 우리만이 아니라 국가적으로도 큰일을 하는 것입니다. 따라서 은퇴 이후 시간이 허락한다면 손주 양육에 시간과 돈을 투자하게 됩니다. 손주를 돌보는 것도 자식에 대한 부양의 일환으로 생각해야 합니다.

간병의 문제

은퇴자의 비용 중에 건강 관련 비용의 비중이 높을 것이라고 했습니다. 이는 치료뿐만 아니라 예방도 포함합니다. 그런데 그것은 상대적으로 건강할 때입니다. 사회생활이 어려워질 정도로 건강이 악화되는 경우 간호, 간병이 필요합니다. 우선 부모님의 간호와 간병은 해결할 수 있을까요?

고령화 사회가 시작되어 우리 사회의 간호, 간병 문제는 사회 문제가 되고 있습니다. 이제 은퇴자들은 부모님의 간호, 간병이 끝나면 자신들이 간호, 간병을 받아야 할지도 모릅니다. 중요한 것은 우리가 이야기하는 은퇴 자산 관리와 은퇴 생활은 그래도 건강하다는 가정입니다.

필자는 사회 활동을 다음과 같이 정의하였습니다.

혼자 스스로 대중교통을 이용할 수 있는 것이 사회적 삶의 기준이다. 혼자 대중교통을 이용할 수 없다면 사회적 삶은 마무리된 것이며 다가오는 죽음을 기다리는 시간이다. 문제는 그 시간에 혼자 삶을 영위할 수 있는가이다.

자식의 도움을 받지 않고 시간을 보낼 수 있을까요? 그런데 부양은 우리의 부모님들이 그 상황에 도달하신 경우를 가리킵니다. 우리의 부모가 연고자 없는 처우를 당하는 것을 누군들 보고 싶겠습니까?

부모나 자식은 운명으로 받아들여야 합니다. 그런데 은퇴 이후 부모님만이 아니라 가까운 인척이나 친지에게 어려움이 닥칠 수 있습니다. 예를 들어 혼자 사시는 고모가 건강이 안 좋고 경제적 측면에서 취약한 상황을 가정해 보겠습니다. 가까운 친구가 갑자기 사고를 당하거나 질병이 발생하여 그나마 있는 재산을 치료비로 사용하고 어려움을 겪고 있습니다. 현명하게 대처한다는 것이 무엇이고, 그것이 정말 현명한 것인지 답을 하기 어려운 상황이 많이 있습니다.

이제는 간병 보험도 사회적으로 많이 가입하지만 당장은 어렵습니다. 국가가 취약한 국민을 포함해 노인들에게 많은 제도적 장치를 만들어 지원하지만, 은퇴자 입장에서 주위의 상황을 나 몰라라 할 수는 없습니다.

4장

은퇴자를 위한 100일 플랜, 실행편

01

은퇴자의 다양한 유형: 맞춤형 자산 관리 전략

모든 은퇴자에게는 하나의 어려운 진실이 있습니다. 은퇴를 위한 자산 관리의 필요성을 알고는 있지만, 실제로 관리할 만한 규모의 자산을 보유하고 있는 은퇴자는 과연 얼마나 될까요? 대부분의 은퇴자들은 그렇게 큰 부를 축적하지 못했을 가능성이 큽니다.

예를 들어, 중소기업에서 퇴직한 나중소 씨는 평생 가족을 부양하고 집 한 채를 마련한 끝에 은퇴했습니다. 그의 국민연금, 퇴직금 그리고 통장에 남은 금액이 대략 5천만 원입니다. 저렴한 지역으로 이사 가는 것이나 주택 연금 등을 고려하면서, 그는 5천만 원을 비상금으로 남겨두기를 원합니다. 반면, 자녀의 조기 유학을 위해 큰 빚을 지고 반전세 집에서 생활하는 전평범 씨는 부채 관리가 더 시급한 상황입니다. 이처럼 은퇴자 본인이 자신의 자산 상태를 정확히 이해하고 파악하는 것이 가장 중요합니다.

은퇴자별 자산 관리 전략

은퇴자 각자의 상황은 매우 다양하며, 이를 설명하기 위해 크게 세 가지 유형으로 나누어 살펴보겠습니다. 이들은 모두 30년 가까이 직장 생활을 해왔으며, 열심히 노력했음에도 불구하고, 운의 좋고 나쁨에 따라 은퇴 시점에서의 경제적 상황이 달라졌습니다. 이제 다른 이를 탓하는 것은 아무런 소용이 없습니다. 현실을 직시하고 현명한 결정을 내리는 것만이 은퇴 생활을 보다 행복하게 만드는 길입니다.

- 은퇴자 광개토: 대출 없는 집, 금융 자산 10억 원
- 은퇴자 이순신: 대출 1억 남아 있는 집, 금융 자산 1억 원
- 은퇴자 홍길동: 월세, 금융 자산 5천만 원

다음은 각 유형의 은퇴자가 자산 상태를 파악하고 결정 및 확인해야 하는 것들을 간략히 정리하였습니다.

❶ 부동산 : 은퇴자는 먼저 부동산 관련 대출 규모와 다른 자산들의 규모를 확인해야 합니다. 부동산 시장의 가격 전망을 분석한 후, 다운사이징이나 주택 연금 가입 등의 결정을 내릴 수 있습니다.

❷ 부채 : 은퇴자는 부채의 원금 상환 가능성과 필요성을 점검하며, 이자 부담을 고려하여 부채 활용이 자산 관리에 어떤 영향을 미칠지 결정해야 합니다.

❸ 유동성 자산 : 은퇴자는 현금, 퇴직금 등의 자산을 검토하여 순자산 현황을 파악하고, 세금과 유동성을 고려하여 비상금을 포함한 포트폴리오를 구성합니다.

❹ 투자 자산 : 은퇴자는 부채와 자산의 기대 수익률을 분석하고, 세금, 수익률, 인플레이션 헤지를 고려하여 이상적인 황금 배분율을 구성합니다.

❺ 보험 : 보장 기간과 범위를 점검하고, 보험 상품을 재조정하거나 실손 보험의 가입 여부를 결정합니다.

❻ 정부 정책 : 고령자를 위한 각종 현금 지원 프로그램, 인프라 활용 방법을 확인합니다.

❼ 기타 : 은퇴자는 여유가 있다면 장기적인 계획을 세우고, 건강과 부양 시나리오를 점검하며, 자산 및 시간 포트폴리오를 구성하는 방법을 검토합니다.

보다 구체적인 자산 관리 전략과 결정들은 다음 페이지부터 자세히 다루도록 하겠습니다. 이를 통해 각 유형에 맞는 최적의 접근 방법을 제시하여 은퇴 후의 생활을 보다 안정적이고 풍요롭게 만드는 데 도움을 드리고자 합니다(증여 상속 및 계획은 6장에서 자세히 다루도록 하겠습니다).

02

부동산:
주택 연금의 이점과 활용

우리는 늘상 보유한 자산에 대하여 긍정적으로 전망합니다. 부동산을 많이 가지고 있는 은퇴자들은 부동산의 비중이 높아 부동산 가격이 상승할 것이라는 정보에 편향적으로 공감을 합니다. 그러나 저출산, 다양한 주택의 공급 확대 그리고 부동산 가격 양극화 상황에서도 가격이 상승할까요? 은퇴자들은 자식에게 부동산을 증여, 상속하고 싶어 합니다. 광개토 씨는 가능할지 모르나 이순신 씨는 현실적으로 어렵습니다. 일부 광개토 씨를 제외한다면 은퇴자들은 주택 연금을 활용하거나 스스로 주택을 이용한 연금을 만들어야 합니다.

부동산 자산의 비중

우리가 접하는 대부분의 통계는 은퇴자들의 자산에서 부동산 비중이 높다고 합니다. 아마 대부분 은퇴자들은 이순신 씨처럼 집 한 채와 약간의 예금과 금융 자산, 보험과 연금 그리고 공적 연금(국민연금 포함) 정도입니다. 주위에서는 은퇴 자산의 관리 필요성과 중요함을 강조하지만, 혼잣말로 '관리할 자산이나 있으면 좋겠다'라고 할지도 모릅니다.

- 이순신 씨처럼 살고 있는 집이 자산의 대부분이라면, 부동산 가격에 대한 전망에 기초하여 다운사이징 및 주택 연금의 활용과 반은퇴를 적극적으로 검토해야 합니다.
- 광개토 씨처럼 살고 있는 집 이외에 부동산이 있다면 자식들에게 증여나 상속의 방법을 고민할 것입니다. 각종 세금과 정책이 복잡하여, 담당 세무사의 조언을 받아야 합니다. 세무사의 도움을 받더라도, 국세청 홈페이지의 인터넷 상담도 활용할 수 있습니다.
- 홍길동 씨처럼 집이 없다면, 주거 비용을 점검하고 다운사이징을 권합니다. 그리고 적극적으로 반은퇴를 실행해야 합니다. 실제로는 60대의 절반이 일을 하고 있습니다. 저임금의 단순

업무보다 수입을 늘리고, 늦었지만 더 늙어서는 일을 하기 힘들기 때문에 그 시간을 대비해 돈을 모아야 합니다. 정부에서는 고령자를 대상으로 비과세 종합 저축 계좌를 제도로 실행하고 있습니다. 원금 기준 5천만 원까지 이자 및 배당 소득에 비과세입니다.

보유 주택의 활용

가장 중요한 것은 주택 연금입니다. 1주택자가 증여 상속을 포기하고 사망 시까지 현금 흐름을 확보할 수 있으며, 현실적으로 이순신 씨의 경우 적극적으로 검토할 필요가 있습니다.

주택 연금 가입을 결정했다면, 가입 시기를 늦추는 것이 매월 받는 수령액을 높이는 방법입니다. 그리고 부동산 가격의 상승을 예상할 때도 가입 시기를 늦추는 것이 유리할 것입니다. 이론적으로는 부동산 가격이 변동이 없으면 기대 수명을 참고하여 수령액이 정해지므로, 가입자가 평생 받을 예상 수령액은 동일해야 합니다. 은퇴자가 기대 수명보다 오래 사는 경우 전체 수령액 측면에서 유리하지만, 누구도 자신의 수명을 정확하게 알 수 없습니다. 그러나 주택 연금을 선택하는 것은 은퇴자의 연금과 금융 자산을 포함하여 좀 더 여유 있는 은퇴 생활을 하기 위한 선택으로 받아들여야 합니다. 알 수 없는 개인적 기대 수명과 건강 상태 그리고 향후 물가 상승에 여러 가지 가정을 하고 분석하는 것은 정확성이나 의미가 적습니다.

보유 주택의 활용: 이순신 씨의 경우

이순신 씨는 은퇴를 앞두고 부동산을 어떻게 활용할지 고민해야 합니다. 부동산 가격 상승을 예상한다면, 주택 담보 대출이나 주택을 전세로 주고 비용이 낮은 전세 생활을 선택하는 것도 고려할 수 있습니다. 특히, 주택 연금에 가입하지 않은 상태에서 주택은 은퇴 생활에서 중요한 역할을 합니다. 건강이나 부양에 필요한 목돈이 필요할 때 활용할 수 있기 때문입니다. 하지만 생활비 부족 등의 이유로 주택 연금을 선택하기 어려운 경우도 있습니다. 예를 들어, 사회적으로 어려움을 겪는 가족 구성원이 있을 경우 은퇴자는 가족을 위해 자산을 보존할 필요가 있습니다.

은퇴 후 부동산 관련 결정 사항으로는 부동산 대출의 상환, 주거 규모 유지, 주거 지역 유지 등이 있습니다. 부동산 대출은 가능하면 상환해야 하며, 이를 위해 주거 규모나 지역을 조정할 수 있습니다. 대출이 있고 은퇴 자산이 충분하지 않다면, 주택 규모를 줄이는 것이 현명한 선택일 수 있습니다. 그러나 은퇴자의 소득과 현금 흐름이 부족하고, 부동산 가격이 예상과 다를 경우 잘못된 결정을 할 위험이 있습니다. 자녀의 독립 등을 고려할 때, 주거 규모를 줄이는 것이 비용을 효율적으로 관리하는 방법일 수 있으며, 가능한 한 주거 지역은 유지하는 것이 바람직합니다.

결론적으로, 은퇴 자산이 충분하면 대출을 갚고 주거 규모를 줄이는 것이 우선입니다. 자산이 부족하거나 더 여유 있는 생활을 원한다면, 거주 지역을 변경하고 차액으로 보충하는 것도 고려할 수 있습니다. 단, 거주 지역 변경은 주의 깊게 결정해야 합니다. 은퇴자가 소외감을 느끼거나 부동산 시세의 양극화로 인해 자산 가치에 부정적인 영향을 받을 수 있기 때문입니다. 지역을 변경할 경우, 보유 주택을 임대하고 비용이 적은 지역에서 임대 생활을 하는 것이 하나의 방법이 될 수 있습니다. 이러한 결정은 개인의 상황과 부동산 시장의 전망을 신중하게 고려하여 이루어져야 합니다.

보유 주택의 활용: 광개토 씨의 경우

광개토 씨의 경우에는 자식에게 증여, 상속하는 것이 중요한 문제입니다. 부동산은 금융 자산과 비교했을 때, 시장 가격과 과세 기준 가격 사이의 차이를 이용할 수 있어, 증여나 상속에 있어 효과적인 수단이 될 수 있습니다. 이를 위해, 광개토 씨는 다양한 시나리오를 분석하여 가장 효율적인 증여 전략을 세울 것입니다.

이러한 전략을 실행할 때, 과세 기준 가격이 상대적으로 낮은 시기에 증여를 함으로써 최소한의 세금만을 납부하고, 이를 통해 절세 효과를 기대할 수 있습니다. 만약 실거래가가 낮은 시점에 증여를 진행한다면, 더욱 큰 절세 효과를 얻을 수 있습니다. 일반적으로 광개토 씨와 같은 은퇴자는 장기 계획을 세워서 세금을 절약하기 위해 자녀에게 부동산의 일부 지분을 주기적으로 증여하는 방법을 선택할 수 있습니다. 이 과정에서 자녀의 재산권과 무주택자로서의 혜택 포기 여부 등을 신중하게 고려해야 합니다. 증여 비율을 조정하여 납부 세율을 낮추고자 할 때는, 과표 기준 가액의 상승으로 인해 세금 부담이 증가할 가능성도 유념해야 합니다.

TIP. 홍길동 씨 혹은 저소득층 은퇴자의 주거 전략

홍길동 씨와 같이 주택이 없는 은퇴자나 저소득층 은퇴자들은 주거 비용을 점검하고, 필요하다면 주거 규모를 축소하는 다운사이징을 고려해야 합니다. 이와 함께, 반은퇴를 포함해 다양한 수입원을 모색하는 것이 중요합니다. 정부는 고령자를 대상으로 비과세 종합 저축 계좌 등을 통해 다양한 세제 혜택을 제공하고 있으므로, 이러한 기회를 적극 활용하시는 것이 현명할 것입니다.

집이 없거나 저소득층 은퇴자의 경우, 한국토지주택공사(LH)나 서울주택도시공사(SH)에서 제공하는 주거 지원 프로그램에 대해 알아보는 것도 중요합니다. 이러한 기관들은 저소득층 노인을 위한 다양한 주거 지원 방안을 제공하며, 이를 통해 안정적인 은퇴 생활을 꾸려갈 수 있습니다..

주택 연금의 선택

은퇴자의 주택 연금과 관련하여 다음을 결정해야 합니다.

- 주택 연금에 가입할 것인가?
- 언제 가입하고 수령할 것인가?
- 수령 방법은 어떻게 할 것인가?

일반적으로는 가입 시기를 늦추고 사망 시까지 동일한 수령액을 받는 것이 적절합니다. 시간이 지나고 나이가 들면 생활비가 감소합니다. 그러나 시간이 지나면 물가 상승, 인플레이션이 발생할 가능성이 크므로 수령액 감소 효과가 발생합니다.

은퇴자가 나이를 먹으면 신체적인 건강이 악화됩니다. 인지 능력이나 정신적인 판단력도 예전 같지 않다고 느끼게 됩니다. 은퇴자도 자산을 불리고 경제적 이득을 추구하는 것도 맞습니다.

그러나 증여하지 않기로 한 집은 가급적 빨리 주택 연금을 가입하고, 고민을 최소화하는 것이 중요합니다. 브랜드 가치가 증가하고 부동산 가격도 양극화의 가능성이 높습니다. 평균적 은퇴자가 보유한 주택 연금 가입이 가능한 부동산 가격은 누구도 상승이나 하락을 확신할 수 없습니다. 은퇴자가 어떤 때 가격 상승을 추구하며 가격 하락 위험을 부담해야 할지, 가격 상승 이익을 포기하고 가격 하락의 위험을 피하는 것이 적절한지를 묻는다면 후자의 손을 들어 주어야 합니다. 주택 연금은 내가 살던 집에서 평생 살 수 있으며 주택 가격의 등락과 관계없이 생활비를 수령하는 것입니다.

미래의 부동산 가격

일반적으로 은퇴자들은 대부분 한 채의 주거용 부동산을 보유하고 있으며, 심지어 다주택자가 아니어도 미래의 부동산 가격 변동은 중요한 고려 사항입니다.

그렇다면 은퇴자들은 어떻게 미래의 부동산 가격을 예측할 수 있을까요? 부동산 가격이 과거 30년처럼 큰 폭으로 상승할지, 아니면 이자율 수준에 따라 오르거나 떨어질지, 또는 물가 지수 이상으로 상승할지 여부는 중요한 고려 사항입니다. 특히, 가격 상승이 모든 지역에 균일하게 적용되지 않을 수 있으며, 특정 지역만 상승하는 현상이 나타날 수 있습니다. 또한, 주택 유형에 따른 가격 변동성도 고려해야 합니다. 모든 주택 유형이 미래에 가격 상승을 경험할지, 아니면 용적률, 단지 규모, 건물의 높이 등 특정 기준에 따라 일부 주택만 가격이 상승할지 예측하는 것이 중요합니다. 이와 관련하여, 부동산 가격의 양극화 현상이 더욱 심화될 가능성도 고려해야 합니다.

1990년에는 강남과 강북, 아파트와 빌라 가격 차이가 별로 없었습니다. 2024년 서울에는 180만 채 정도의 아파트가 있습니다. 서울 아파트 가격이 10억 원이라 합니다. 10억 원 아파트가 전국에 220만 채 정도 있을 겁니다. 세대 기준으로, 순자산(= 자산에서 부채 차감) 상위 10%인 220만 세대가 10억원 수준입니다. 강남 3구 아파트는 30억 원이라고 합니다. 자산 규모 상위 1%인 22만 세대가 30억 원 수준입니다. 20~30만 채는 가격이 상승하고 200~300만 채는 유지하고, 나머지는 가격을 지키기 어렵다고 보는 시각도 있습니다.

사람들은 강남 아파트 가격만 이야기합니다. 그러나 전국에 1,180만 채의 아파트 중에서 30만 채만이 강남 3구의 아파트입니다. 그리고 은퇴자의 아파트 가격은 강남 아파트 가격과 다르게 움직일 수 있습니다.

전문가들의 예상도 다양합니다. 은퇴자들은 논리적이지 않더라도 개인 의견으로 가격 전망을 합니다. 그리고 은퇴자들의 의사 결정은 자신들의 가격 전망에 기초해야 합니다.

03

부채의 활용 전략

금융의 기본은 돈을 빌려 수익을 창출하고, 그 돈을 상환하는 과정에서 시작합니다. 자본주의 시장에서 중추적인 역할을 수행하는 주식회사들은 주주나 채권자로부터 자금을 조달해 회사를 운영하고, 이익을 나누어 줍니다. 이처럼 부채는 국가와 기업이 자본주의 시장에서 활용하는 주된 금융 전략 중 하나입니다. 개인 역시 마찬가지로 부채를 활용해야 합니다. 금수저를 제외한 대다수는 부채 없이 생활하기 어려운 경제 구조 속에 있습니다. 따라서, 부채를 올바르게 이해하고 효율적으로 활용하는 방법을 배우는 것이 중요합니다.

은퇴자에게 부채란?

은퇴자의 자산 관리에서 부채와 관련하여 중요한 것은 부채의 관리입니다. 자신의 소득 등 현금 흐름을 감안하여 관리를 하면서 파산에 이르지 않아야 합니다. 예를 들어 부채를 활용한 투자를 한다면, 투자 기간을 정하고 기간 이자도 포함하여 차입하는 방법이 있습니다.

부채는 유무가 문제가 아니라 부채의 규모와 차입 시기가 중요합니다. 언제 부채를 일으킬지가 관건입니다. 부채도 적절한 시점이 있으며, 차입자에게 약이 되기도 하고 독이 되기도 함을 이해해야

TIP. 차입을 통한 투자는 바람직할까?

은퇴자가 차입을 통해 투자를 하는 것이 바람직할까요? 은퇴자는 은퇴 자산의 일부 규모 범위 안에서 차입함으로써 레버리지를 활용할 수 있습니다.
홍길동 씨의 경우처럼 자산이 거의 없는 은퇴자의 차입은 곤란합니다. 반은퇴 생활을 하면서 1년에 벌 수 있는 소득이 차입의 한도가 되어야 합니다. 이순신 씨의 경우는 보유한 집이 있더라도 부동산 이외의 금융 자산의 30% 이내가 한도여야 합니다. 금융 자산이 1억 원이라면 대출 규모는 3천만 원 이내이어야 합니다. 광개토 씨의 경우는 자산 전체의 30% 이내가 적절합니다.

합니다. 부채가 필요한 시점은 개인마다 차이가 있을 것입니다.

그런데 차입의 목적이 투자로 돈을 버는 것이라면, '언제'의 질문에 대한 답은 언론이 알려 줄 것입니다. 언론은 종종 투자 대상을 알려 주기도 합니다. 금융 자산의 가격이 하락하고 전문가들의 비관적 전망이 극에 달하는 시점이 차입의 좋은 시점입니다. 가격 부양 정책이 나오고 공적 자금이 울며 겨자 먹기로 자산을 매입하는 시기가 차입할 적기입니다. 금융 시장에서 특정 자산이 큰 손실이 발생했다고 공중파에서 이야기할 때 관심을 가지면 됩니다. 예를 들어 원유 ETF가 큰 손실이 발생했다고 모든 언론이 떠들면 원유를 잘 살펴보아야 합니다. 일반적으로 특정 자산 수익률이 좋다고 하면 개인 투자자들이 추격 매수를 하지만, 현명한 투자자라면 정반대로 해야 합니다.

대출은 없어야 하나?

우선 부채를 부정적으로만 보지 말아야 합니다. 국가도 국채를 발행하면서 운영합니다. 기업도 회사채를 발행하고 차입을 합니다. 개인도 동일한 경제 주체입니다. 다만 부채를 감당할 수 있는가의 여부는 중요합니다. 그리고 언제, 왜 부채를 만들었으며 그 목적을 달성하고 있는지 판단해야 합니다.

은퇴자에게 은퇴 시점에 중요한 것은 부채가 남아 있는지입니다. 은퇴자는 부채를 이해하는 것이 목적이 아니라 부채를 처리하는 것이 중요하기 때문입니다. 일반적인 상황에서 부채의 원금을 상환하는 것은 매우 힘듭니다. 은퇴 생활에서는 더욱 그렇습니다. 따라서 은퇴 생활 시점에 부부간에 혹시 숨겨 놓은 부채가 있는지도 확인해야 합니다. 대부분의 사람들은 금수저가 아니고 소득으로 얻은 돈은 생활하기에도 부족합니다. 그럼 어떻게 좀 더 나은 소비를 하고 자산을 모을 수 있을까요? 물론 이자 부담과 투자 자산의 평가 손실이 우리의 삶을 어렵게 할 수도 있습니다. 또한, 부채로 인해 개인적 스트레스, 가정불화, 때에 따라서는 파산을 하는 경우도 있습니다.

금융의 기본은 차입과 운용에서 수익을 창출하는 것입니다. 4%로 자금을 조달하여 10%로 운영하면 차이 6%에서 비용을 차감하고 수익을 얻는 과정입니다. 개인이든 기업이든 자기 돈으로만 운영한다면 많은 기회를 포기하는 것입니다. 대출을 멀리하는 것은 자산 취득 및 축적의 중요한 수단을 포기하는 것입니다.

부채 관리 방법론

차입은 도덕적으로 선이나 악으로 구분할 수 없습니다. 다만 우리가 세상을 살면서 차입 없이 살아갈 수 있을지 고민해 보아야 합니다. 금융 감독 당국은 부채에 대해 계속 경고 메시지를 보내면서도 사회 초년생들에게 대출을 강권합니다. 여러 가지 정책적인 혜택을 주면서까지 대출을 유도합니다. 명분은 자산 취득을 돕는 것입니다.

그렇다면 은퇴자도 차입이 필요할까요? 사회 초년생이나 은퇴 이전에 정상적인 직장 생활을 하는 구성원과 비교할 때, 은퇴자는 좀 더 대출에 보수적이어야 합니다. 왜냐하면 대출로 형성한 자금은 일반적으로 투자에 사용되기 때문입니다. 그런데 투자의 결과는 투자자의 예상대로만 전개되지 않습니다. 투자가 잘못되어 큰 손실이 발생하는 최악의 경우에도 극복할 수 있을지 점검해야 합니다. 직장 생활 30년에 은퇴 생활 30년을 살아야 하는 은퇴 세대가 대출 없이 30년을 버틸 수 있을까요?

다만, 은퇴자는 소득을 증명하기 어렵습니다. 따라서 신용 대출을 받거나 보유 자산을 담보로 제공하고 대출을 받아야 할 것입니다. 문제는 은퇴 생활을 하기도 버거운데 이자 납부는 더욱 부담될 수 있습니다.

그렇다면 어떤 방법이 있을까요? 이자까지 대출을 받아야 합니다. 이순신 씨는 암호 자산의 상승 가능성을 믿고 1억 원을 투자하기로 했습니다. 투자 명분은 다음과 같습니다. 미국에서 현물

ETF 금융 상품이 인가를 받았습니다. 2024년에 반감기가 있습니다. 무엇보다 각국 정부는 눈치를 보면서 유동성을 다시 공급할 것으로 예상합니다. 전쟁 위험을 포함해 전 세계적으로 불확실성이 점점 확대되고 있습니다. 그래서 3년간 투자하기로 했습니다. 1억 원을 차입하면 1년에 6% 이자를 지급해야 하므로 3년간 1,800만 원의 이자가 필요합니다. 월 50만 원의 이자를 현재의 생활비에서 차감하기는 불편합니다.

차입을 이용한 투자 예시

이순신 씨는 1억 원을 연 6%로 차입합니다. 그리고 8,200만 원어치 암호자산을 매입합니다. 1,800만 원은 현금으로 보유하면서 매달 이자를 지불합니다. 이순신 씨는 여유 자금이 아닌 차입 자금으로 투자를 했기 때문에 3년간 22% 정도 상승해야 8,200만 원이 1억 원이 됩니다. 상승률 22%는 차입에 대한 비용입니다.

예를 들어 3년간 100% 상승하여 8,200만 원이 16,400만 원이 된다면 자산의 투자 수익률은 100%지만 계좌의 수익률은 64%가 됩니다. 만약 22% 미만으로 상승하거나 하락하면 투자 손실입니다. 암호자산이 3년간 15% 상승하여 8,200만 원이 9,430만 원이 되면 15% 수익이 아니라 -5.7% 손실입니다. 지급 이자를 포함하여 손실분은 이순신 씨가 부담해야 합니다.

9,430만 원 = 8,200 × (1 + 15%)

- 5.7% 손실 = 100% × {(9,430 - 10,000) / 10,000}

차입을 할 때는 투자 후 기대할 수 있는 수익을 객관적으로 바라보는 것이 중요합니다. 여윳돈이라면 3년 뒤 투자금이 원금 수준일 경우 이자를 손실 보았다며 씁쓸하게 웃으며 견딜 수 있습니다. 그러나 차입을 한 경우에는 3년 뒤에 이미 지급한 1,800만 원을 상환해야 합니다. 현재의 자산 상황에 따라 차입의 비용, 투자에 대한 기대 수익률이 달라지는 것입니다. 대출을 통한 투자와 자신의 자금으로 하는 투자는 수치는 같을지 몰라도 삶에 주는 영향은 매우 다릅니다.

차입하여 투자할 때 세금

투자에는 'Carry Trading' 기법이 있습니다. 금리가 낮은 일본에서 돈을 빌려 금리가 높은 뉴질랜드 국채에 투자하는 것입니다. 한국 투자자가 브라질 국채, 튀르키예 국채에 투자하는 것도 해당합니다. 고금리 이머징 통화의 상대적 강세를 가정하는 투자입니다.

비슷한 개념의 투자가 또 있습니다. 은퇴자의 조달 금리는 5%이고, 신용 위험(파산)을 부담하고 12%로 투자할 수 있습니다. 이것은 은퇴자가 자신의 신용을 이용해 금리 스프레드(금리 차이)를 수익으로 연계하는 것입니다.

이순신 씨가 1억 원을 은행에서 차입하여 회사채 채권에 투자합니다. 은행에 지불하는 이자율은 연 5.0%입니다. 투자한 회사채는 신용 위험이 있는 정크본드로 연 12%를 이자로 지급합니다. 이순신 씨는 은행에 매달 416,600원의 이자를 납부합니다. 이를 계산해 보면 연간 500만 원입니다. 투자한 정크본드에서는 연간 1,200만 원의 수익이 발생합니다. 이 경우, 이자는 월 100만 원입니다. 이자로는 16.5%의 세금을 납부합니다. 연간 198만 원의 세금을 납부합니다. 금리 차이가 7%로 700만 원의 차액을 생각할 수 있지만 세금을 감안하면 500만 원 수준입니다. 설명을 위해 공격적 수치를 제시했습니다. 실제 금융 시장에서는 차입과 투자와 관련된 여러 가지 비용이 발생합니다. 예를 들어 채권을 매입하려면 증권사에 수수료를 지불해야 합니다. 대출을 받으려면 담보를 제공하여 담보 설정비가 발생하거나, 보증 보험에 가입해야 합니다.

소득 없는 은퇴자의 DTI와 DSR

DTI(Debt To Income)로 채무자의 상환 능력을 나타내는 지표입니다. 주택 담보 대출의 연간 원리금의 상환액과 기타 부채에 대한 연간 이자 상환액을 연 소득으로 나눈 값입니다. 네이버에서 'DTI 계산'을 검색하면 됩니다. 네이버에서 계산한 내용을 인용해 보겠습니다. 소득 연 5천만 원, 대출 10년, 1억 원 이자율 3.2%이며 상

연소득
50,000,000 원
5,000만 원
+100만 +1000만 +1억

주택 담보 대출 금액
100,000,000 원
1억 원
+100만 +1000만 +1억

주택 담보 대출 기간
년 월 10 년
+1년 +5년 +10년

주택 담보 대출 금리
3.2 %

주택 담보 대출 상환방법
원리금균등 원금균등 만기일시

보유대출 연이자 상환액

초기화 계산하기

주택담보대출 1억원의 경우
연원리금 상환액은 **1,169만 8,402원**이고
(10년, 3.2%, 원리금균등 기준)
연소득은 5,000만원이므로
DTI는 약 **23.4%**로 예상됩니다.

[그림 4-1] DTI 계산 예시

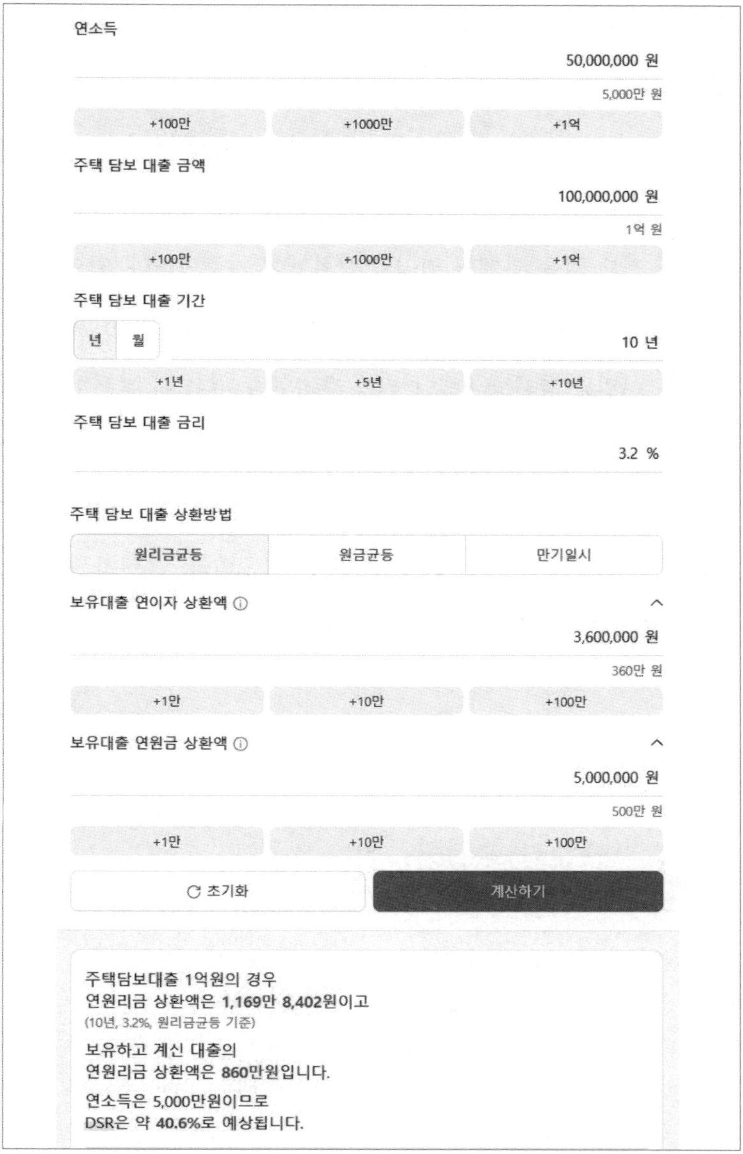

연소득

50,000,000 원

5,000만 원

+100만 +1000만 +1억

주택 담보 대출 금액

100,000,000 원

1억 원

+100만 +1000만 +1억

주택 담보 대출 기간

년 월 10 년

+1년 +5년 +10년

주택 담보 대출 금리

3.2 %

주택 담보 대출 상환방법

원리금균등 원금균등 만기일시

보유대출 연이자 상환액

3,600,000 원

360만 원

+1만 +10만 +100만

보유대출 연원금 상환액

5,000,000 원

500만 원

+1만 +10만 +100만

초기화 계산하기

주택담보대출 1억원의 경우
연원리금 상환액은 **1,169**만 **8,402**원이고
(10년, 3.2%, 원리금균등 기준)

보유하고 계신 대출의
연원리금 상환액은 **860**만원입니다.

연소득은 5,000만원이므로
DSR은 약 **40.6%**로 예상됩니다.

[그림 4-2] DSR 계산 예시

환 방법은 원리금 균등 상환으로 합니다. 별도의 대출은 없다고 가정해 보겠습니다. 그럼 DTI가 23.4%로 계산됩니다.

DSR(Debt Service Ratio)은 총부채 원리금 상환 비율입니다. 연간 총부채 원리금을 연간 소득으로 나누어 계산합니다. DTI와 비교할 때 전체 금융 부채의 원리금 상환액이 기준입니다. 앞의 DTI 계산과 동일한 예시에 보유 대출 연 이자 상환액 360만 원과 보유 대출 연원금 상환액 5백만 원을 추가했습니다. 이 경우 DSR은 40.6%입니다.

은퇴자 입장에서는 소득이 없거나 적기 때문에 DTI, DSR에 기초한 주택 담보 대출에 제약이 있을 수 있습니다. 은퇴자는 자산을 담보로 하거나, 순수한 신용 대출을 알아보아야 합니다.

TIP. LTV는 무엇인가요?

LTV(Loan To Value)는 자산의 담보 가치에 대한 비율입니다. 아파트의 감정가액이 5억 원인데 LTV 70%를 적용하면 3.5억 원 주택 담보 대출이 가능합니다. 임차인의 소득과는 관련이 없습니다. 과거에는 은행 입장에서 미상환 위험을 감안하여 LTV를 적용했습니다. 미상환 시 담보물을 매각할 수 있기 때문입니다. 그런데 주요 선진국들은 물론 우리나라도 소득에 연계한 대출로 전환했습니다.

04

현금 · 퇴직금:
나만의 관리 전략

은퇴자에게 돈의 가치는 동일하지 않습니다. 효과적인 자산 관리는 돈의 구분에서 시작합니다. 가장 먼저, 자신의 자금인지 아니면 빌린 자금인지를 구별하는 것이 중요합니다. 빌린 자금은 이자를 납부하며 원금을 상환해야 하는 부담이 따릅니다. 다음으로, 자금을 유동성이 높은 자금과 투자 목적의 자금으로 나누는 것이 자산 관리의 핵심입니다. 은퇴자는 일부 자금을 필요할 때 즉시 사용할 수 있게 유지하면서, 다른 일부는 수익을 창출하고 인플레이션에 대응할 수 있도록 배치해야 합니다. 또한, 큰 금액의 자금과 퇴직금은 세금을 고려하여 관리하는 것이 중요합니다.

유동성 자금과 투자 자금

개인이나 기업은 투자를 위한 돈을 두 가지로 분류할 수 있습니다. 하나는 자금 흐름, 사용 시점을 맞추기 위한 유동성 자금입니다. 투자 수익률보다는 환금성을 중시합니다. 간단히 현금 혹은 현금성 자산으로 이해할 수 있습니다.

다른 하나는 투자 자금입니다. 투자 수익을 위한 자금입니다. 원금을 지키는 투자, 손실 위험을 부담하고 수익을 추구하려고 자산을 매입하고 금융 상품에 투입하는 자금입니다.

은퇴자를 위한 절세용 자금 관리 수단

은퇴자들이 자금을 관리할 수 있는 수단은 세금입니다. 세금은 그 자체도 중요하고 세금이 부과된 수익은 건강 보험료에 영향을 줄 수 있습니다.

우선 고령자와 장애인을 위한 비과세 종합 저축 계좌가 있습니다. 65세 이상이면 5천만 원까지 가입하며, 예금, 적금은 물론 금융 투자 상품, 보험 및 공제 상품도 투자할 수 있습니다. 공제 상품이란 농협공제, 새마을금고 공제 등에서 조합원이 아닌 일반인을 대상으로 판매하는 상품입니다.

개인별로 조합원으로 출자하는 경우 3천만 원까지 예탁금에 대해 이자 소득 비과세입니다. 종합 소득 과세 표준에 합산하지 않습니다. 농업협동조합, 수산업협동조합, 산림조합, 신용협동조합, 새마을금고가 해당합니다. 근거는 조특법(조세특례제한법 89조의 3)에 있습니다.

은퇴자 자산 현황, 이상과 현실

사회 전체로 볼 때 50대 은퇴자들이 많습니다. 은퇴자들의 은행 통장에 1억 원 정도는 있을까요?

우선 평균 저축액입니다. 전체 가구는 8,548만 원이며 미혼은 5,092만 원입니다. 기혼은 1억 4,541만 원이며 50대는 평균 1억 1,232만 원이라고 합니다. 저축액이 1억 원 정도 있으면 50%는 된다는 것입니다. 큰 금액을 저축한 사람이 많기 때문에 사람 수로는 50% 이상의 사람들이 1억 원 미만이라고 예상할 수 있습니다.

순자산은 얼마나 될까요? 서울의 아파트가 평균 10억 원이 넘었으며, 50대라면 집 한 채는 있을 테니 10억 원은 될 거로 생각하시나요? 나만 집값 6억 원에 그나마 대출 1억 원이 있으니 답답하다고 하시나요? 순자산이 가장 많은 50대 자영업이 순자산 5억 4천

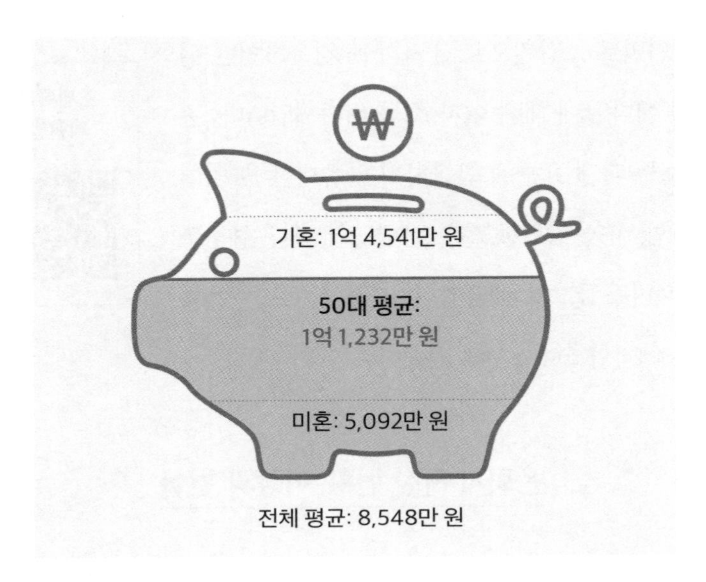

[그림 4-3] 50대 가구의 평균 저축액

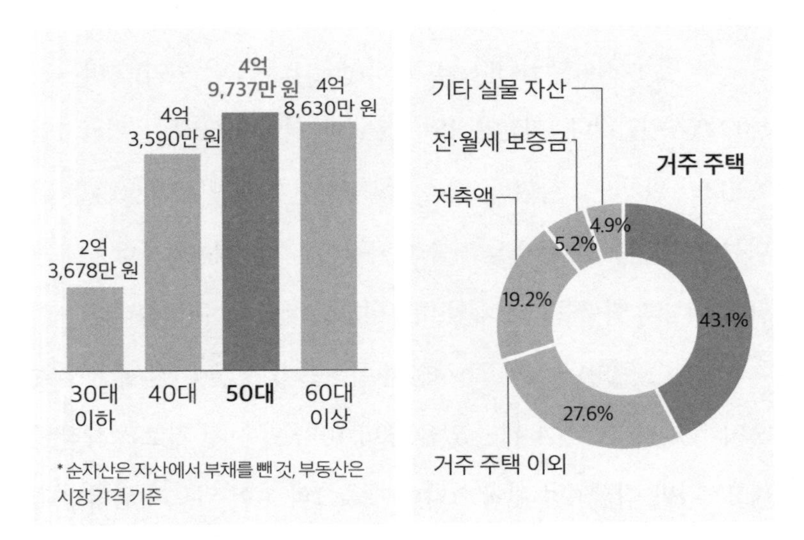

[그림 4-4] 연령대별 가구 순자산 추이

[그림 4-5] 50대 가구의 자산 구성

만 원 수준이고, 임시 일용 근로자는 2억 원 수준이라고 합니다. 그런데 중요한 사실이 있습니다. 50대 자산의 76%는 부동산이라는 것입니다. 정확하게는 50대 자산의 76%가 아파트, 주택, 상가, 오피스텔, 회원권 등의 실물 자산입니다. 그렇다면 사람들은 기본적으로 집 한 채에 어느 정도 부채가 있는 것이라고 볼 수 있습니다. 그리고 그 집은 현금 흐름이 없습니다. 오히려 비용을 지불해야 합니다.

은퇴는 직장인들에게 우선 적용됩니다. 평생 자녀들 교육시키고 집 한 채 구입하고 대출을 갚다 보니 은퇴의 순간에 정작 필요한 현금이 없다는 것입니다. 더구나 이제 소득이 크게 감소하거나 없어지는 것입니다.

은퇴자의 기대 여명

현재의 생명표로는 50대 은퇴자가 30년을 살아야 합니다. 은퇴자 입장에서 은퇴 생활 기간은 생명표와 은퇴자 자신의 건강을 통해 예상해야 할 것입니다.

필자는 1967년생이므로 생명표에 따르면 27년 정도의 기대 여명이 있습니다. 기대 여명은 30년 정도 예상합니다. 건강은 평균 이하라 생각합니다. 스트레스를 얼마나 줄이고, 꾸준히 운동하는

연령	남자					
	1970	2012	2021	2022	증감	
					'12 대비	'21 대비
0세	58.7	77.6	80.6	79.9	2.9	-0.8
10세	52.8	67.9	70.9	70.2	2.2	-0.7
20세	43.9	58.1	61.0	60.3	2.2	-0.7
30세	35.4	48.4	51.3	50.5	2.2	-0.7
40세	26.7	38.8	41.7	40.9	2.1	-0.7
50세	19.0	29.7	32.3	31.6	1.9	-0.7
60세	12.7	21.2	23.5	22.8	1.6	-0.7
70세	8.2	13.4	15.4	14.7	1.2	-0.7
80세	4.7	7.4	8.5	7.9	0.4	-0.6
90세	2.8	3.8	4.2	3.7	-0.1	-0.5
100세 이상	1.7	2.0	2.1	1.8	-0.2	-0.3

[표 4-1] 남성 연령별 기대 여명 추이(1970-2022년)

연령	여자					
	1970	2012	2021	2022	증감	
					'12 대비	'21 대비
0세	68.8	84.2	86.6	85.6	1.5	-1.0
10세	60.2	74.5	76.9	75.9	1.4	-1.0
20세	51.3	64.6	67.0	66.0	1.4	-1.0
30세	43.0	54.8	57.1	56.2	1.4	-1.0
40세	34.3	45.0	47.4	46.4	1.4	-1.0
50세	26.0	35.5	37.8	36.8	1.4	-1.0
60세	18.4	26.1	28.4	27.4	1.3	-1.0
70세	11.7	17.1	19.2	18.2	1.1	-0.9
80세	6.4	9.5	11.0	10.1	0.6	-0.9
90세	3.4	4.6	5.3	4.6	0.0	-0.7
100세 이상	1.9	2.2	2.5	2.1	-0.1	-0.4

[표 4-2] 여성 연령별 기대 여명 추이(1970-2022년)

지에 따라 좌우될 것입니다.

60살 전후의 은퇴자들은 현재의 기대 여명은 25년 정도지만, 의학의 발달과 건강 관리에 대한 관심이 높아져 은퇴 생활을 평균적으로 30년으로 보아야 할 것입니다.

퇴직금과 퇴직 연금

은퇴 시 받게 되는 퇴직금은 단순한 여유 자금이 아니라 중요한 재정 자원입니다. 따라서 퇴직금의 사용 방법에 신중해야 합니다. 일반적으로는 '퇴직금은 연금으로 받아야 한다'라는 의견이 우세합니다. 하지만, 상환해야 할 부채가 있는 경우, 우선적으로 부채 상환을 고려해야 합니다. 연금으로 받을 경우 낮은 세율의 연금 소득세를 납부하고, 일시금으로 받을 때는 상대적으로 높은 세율의 기타 소득세가 부과됩니다. 이러한 제도는 사람들이 일시금 대신 연금을 선택하도록 유도합니다. 아마도 많은 사람들이 일시적으로 큰 금액을 관리하기 어려워하기 때문일 것입니다.

그렇다면 어떤 상황에서 은퇴자는 더 높은 세금을 부담하고도 퇴직금을 일시금으로 받아야 할까요? 이는 화폐 가치 하락과 인플레이션 가능성이 증가하면서 미래 가치의 할인율이 높아질 때 고려해 볼 수 있습니다. 예를 들어, 미래의 연금 150만 원이 현재 가치로 30만 원으로 예상될 경우, 연금 수령의 현재 가치가 낮아지므로 일시금 수령 시 납부하는 기타 소득세가 상대적으로 작게 느껴질 수 있습니다.

다음으로 은퇴자가 퇴직금의 관리를 통해 연금으로 받을 때보다 높을 수익을 기대하는 것입니다. 예를 들어 부동산이나 주식의 가치 상승을 예상하고 퇴직금을 받아 투자할 수 있습니다. 이 경우 은퇴자는 부동산이나 주식의 가격 상승률에 대한 높은 기대가 있는 것입니다.

여러분이 광개토 씨라면 충분한 금융 자산을 보유하고 있어 연금으로 수령하는 것이 나을 것입니다. 반면, 이순신 씨라면 부채 상환과 자금 활용에 심도 있는 고민이 필요할 것입니다. 하지만 투자에 대한 기대 수익률은 단지 예상일 뿐, 실제 결과와는 다를 수 있습니다. 세상은 항상 예상대로 움직이지 않음을 기억해야 합니다. 따라서 투자 결과가 부진할 수도 있음을 전제로 해야 합니다.

특히 연금은 평균 수명을 기준으로 하므로, 본인이 건강하게 오래 살 것으로 예상된다면 연금 수령이 유리할 수 있습니다. 연금 수령을 선택하고 건강 관리에 집중하는 것이 현명하고 최선의 선택일 것입니다. 홍길동 씨의 경우를 생각해 보면, 돈을 쓸 곳은 많지만 절실한 때에 목돈이 부족해 포기한 경험이 있을지도 모릅니다. 예를 들어, 자녀의 결혼 자금이 필요한 상황에서 홍길동 씨는 연금이 필요하지만 당장의 큰돈이 더 필요하다고 판단하여 일시금으로 퇴직금을 수령할 가능성이 높습니다.

일반적인 직장인 은퇴자가 이순신 씨의 상황이고 퇴직금을 수령한다면 투자에 어떤 대안이 있을까요? 우선은 산업 구조의 변화와 함께 발전하는 업종의 일등 주를 선택합니다. 다음으로 디지털 전환에 맞추어 인플레이션을 헤지할 수 있는 비트코인을 매입하는 방법이 있습니다.

우리가 스스로 연금을 만드는 것입니다. 퇴직금으로 사 둔 일등 주나 비트코인을 연금의 보완재로 사용합니다. 반은퇴로 근로 소득이나 다른 소득이 있을 때는 사용하지 말고, 예를 들어 5년이 지난 뒤부터 일정 금액 규모를 현금화합니다. 황금 배분율을 다루며 구체적인 예시를 제시하겠습니다.

퇴직금으로 하지 말아야 하는 선택

퇴직금으로 하지 말아야 할 일이 있습니다. 사회 전체적인 확률로 돈을 벌기 어려운 일을 하면 안 됩니다.

우선, 자영업 창업에 신중해야 합니다. 해당 업계에서 평생 일한 소상공인들도 대부분 몇 년 안에 망하는데, 은퇴자가 새로운 영역에서 새롭게 시작하면 성공할 가능성이 낮습니다. 성공 사례를 참고하고 부러워할 수는 있지만 나도 할 수 있다고 함부로 덤벼들면 곤란합니다. 특히 여윳돈이 아닌 절박한 퇴직금으로는 하지 말아야 합니다. 편의점 등 프랜차이즈도 신중해야 합니다. 프랜차이즈는 사업이라기보다 변형된 고용입니다. 직원(은퇴자)이 자신의 돈으로 프랜차이즈 회사가 쓸 돈을 대신 쓰고 안정적일 수는 있지만 많은 시간과 노동을 통해, 경우에 따라서는 가족의 노동력까지 활용하면서 적은 수익을 얻는 것입니다. 악화된 변형 근로로 보아야 합니다.

다음으로 잘 모르는 투자를 하면 안 됩니다. 특히 돈을 전부 투자하는 것은 위험합니다. 비상장 주식, 듣보잡 코인, 나에게까지 들어온 작전성 주식 정보, 기획 부동산, 운용 방법은 잘 설명하지 않고 큰 수익을 준다는 투자 사기에 퇴직금을 투자하면 안 됩니다.

그리고 자식의 사업 자금을 대 주는 것도 곤란합니다. 자식이 하는 사업이 성공해서 편안한 노후가 될 수도 있고, 자식과의 연을 끊을 수 없다며, 감정적으로 퇴직금을 투자하면 안 됩니다. 투자의 결과에 대하여 마땅한 근거 없이 긍정적인 기대감을 갖는 것은 실제의 투자 결과와 무관합니다. 은퇴자가 돈을 투자할 때는 철저하게 객관적으로 상황을 바라보아야 합니다. 이렇게 보면 간단합니다. 나와 내 자식의 문제가 아니라 내가 잘 모르는 김 영감의 일이며, 김 영감이 본인의 퇴직금으로 자식 사업 자금을 대준다면 뭐라고 하실 건가요? 좋은 의사 결정이라고 하실 건가요?

은퇴 자산은 유동성 자산인가 투자 자산인가?

은퇴자를 위한 퇴직금은 잘 운용되고 있나요? 퇴직 연금은 DB와 DC가 있습니다. DB는 회사가 운영하는 것으로, 현실에서는 예금 등 이자 자산 비율이 높고 2% 수준으로 낮은 경우가 대부분입니다. DC는 은퇴자가 의사 결정을 하는 것으로, 많은 경우 성공 사례를 이야기해서 그렇지 예금 등 이자 자산이 높거나 파생 결합 증권, 펀드 등에서 손실의 경우도 있습니다. 주식 시장이 하락하는데 방법이 없다고도 합니다. 운용자가 워런 버핏과 경쟁하는 대가(구루)가 아닌데 시장 평균을 이기기는 어렵습니다.

은퇴 자산의 운용에서 중요한 것은 단순히 수익률이 아닙니다. 과거에도 존재해 왔고, 미래에도 존재할 인플레이션을 헤지할 수 있는가의 여부입니다.

운용의 목표는 수익입니다. 은퇴자는 자산을 운용하는 것이 직업이라고 생각해서는 안 됩니다. 디테일한 전술의 차이에서 수익을 추구하기는 어렵습니다. 세상 변화를 이해하고 방향을 잘 잡아야 합니다. 전략이 중요합니다. 직장 생활 30년이 지나고 은퇴자들의 자산 규모의 승패는 무엇으로 갈렸을까요? 좋은 펀드, 적절한 매매 타임, 수수료였나요? 소득이 많은 사람들이 꼭 자산이 많을까요? 보통은 은퇴자가 집을 샀는지, 어디에 샀는지였습니다. 언제

샀느냐도 덜 중요합니다. 왜냐하면 법정 화폐 가치가 하락하고 인플레이션이 발생했기 때문입니다.

그럼 퇴직 연금을 포함하여 은퇴 자산을 어떻게 관리해야 할까요? 은퇴 자산을 유동성 자산으로 관리할 것인지 투자 자산으로 관리할 것인지를 선택해야 합니다. 은퇴 생활 30년의 가장 중요한 자산 배분이며, 의사 결정입니다. 그 결정은 은퇴자의 몫입니다. 유동성 자산으로 관리하려면 절세 수단이 중요합니다. 투자 자산으로 얼마나 가져갈지는 다음 페이지에 황금 배분율을 참고하시기 바랍니다.

05

투자 포트폴리오: 은퇴자의 황금 배분율

은퇴자는 우선 금융에 대한 기본적인 이해를 갖추어야 합니다. 이것은 자산 관리의 핵심으로, 자산 가치를 유지하는 것을 목표로 삼아야 합니다. 은퇴 이후 불확실한 미래를 대비하여, 자산 가치를 효율적으로 보호하고 증식할 수 있는 포트폴리오를 구성해야 합니다.

하지만 은퇴자마다 미래에 대한 예측이 다르므로, 각자의 전망에 맞는 포트폴리오를 구축하는 것이 중요합니다. 이 과정에서 과거 30년의 경향을 참고하는 것이 유용할 수 있으며, 앞으로 30년 동안에도 인플레이션의 영향을 고려해야 합니다.

금융 꿀팁 200선

은퇴자가 먼저 할 일은 기본적인 금융 지식을 습득하는 것입니다. SNS를 활용해 비슷한 상황에 있는 사람들과 정보를 공유하는 것도 유익합니다. 이 과정에서 구글, 네이버, 유튜브와 같은 온라인 플랫폼들이 중요한 정보원으로 활용됩니다.

금융 지식 습득은 하루아침에 이루어지지 않습니다. 점진적으로, 필요한 시간을 투자하며 단계별로 지식을 쌓아가야 합니다. 많은 정보를 탐색하는 과정에서, 공공 기관에서 제공하는 중요한 금융 정보 자원을 발견하게 됩니다. 이러한 탐색은 종종 금융감독원의 홈페이지 같은 공식 자료로 이어집니다.

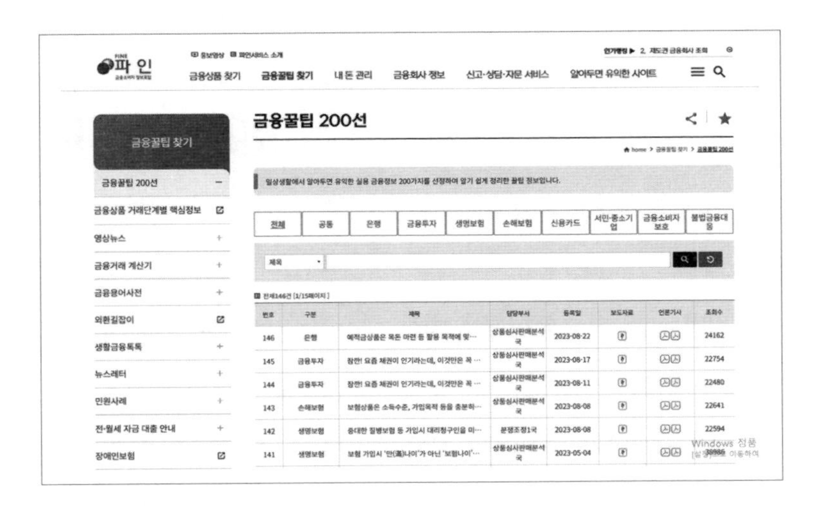

[그림 4-6] 금융꿀팁 200선

3장에서 본 자산 현황 파악의 중요성을 이해했다면, 이제 금융 소비자 정보 포털 '파인'에서 제공하는 금융 꿀팁 200선을 활용할 차례입니다. 이는 은퇴자들이 자주 궁금해하는 내용을 포함하여 광범위한 질문에 답변을 제공하며, 필요한 정보를 체계적으로 정리해 놓았습니다.

명목 금액과 자산 가치: 무엇을 지켜야 하나

은퇴 후 자산을 관리하면서 유념해야 할 점은 무엇일까요? 많은 이들은 은퇴 후의 자산 회복이 어렵다고 보아 원금이 손실되지 않는 안전한 투자를 권장합니다. 이는 은퇴 자산의 명목 금액, 즉 명목 가치를 보전해야 한다는 의미입니다. 이는 분명 중요한 지적입니다. 하지만, 이 조언은 인플레이션의 영향을 고려하지 않는다는 한계가 있습니다. 실제로 우리가 보호해야 할 것은 자산의 실질 가치입니다. 자산의 가치가 유지된다는 것은 시간이 흘러도 그 자산으로 할 수 있는 경제적 활동이 변하지 않는다는 의미를 담고 있습니다.

만약 인플레이션이 없다면 머리 아플 필요 없습니다. 세금에 유리한 통장에 넣어 두면 아무 위험이 없는 것입니다. 그런데 과거

30년처럼 혹은 그 이상의 인플레이션의 가능성이나 위험이 있다면 우리는 이에 대응해야 합니다. 전 세계적인 경기 침체에 따른 각국 정부의 유동성 공급, 정부 부채, 현금 지원 정책 및 기본 소득

TIP. 고령자 비과세 종합 저축과 조합 예탁금

고령자 비과세 종합 저축은 고령자, 장애인, 상이자, 기초 생활 보장 수급자 등이 원금 기준 최대 5천만 원까지 이자 및 배당 소득에 대해 세금을 내지 않아도 되는 금융 상품입니다. 이 혜택은 은행의 예금과 적금뿐만 아니라 주식, 파생 결합 증권(ELS), 환매 조건부 채권(RP), 채권 등 다양한 금융 투자 상품과 보험, 공제 상품에도 적용되어, 금융 투자 소득까지 비과세 혜택을 받을 수 있습니다. 이 상품의 가입 자격은 65세 이상 거주자로 한정되며, 특정 법령에 따른 장애인, 상이자, 기초 생활 보장 수급자도 포함됩니다. 비과세 혜택은 2025년 12월 31일까지 가입한 계좌에만 적용되며, 그 이후의 연장 여부는 추가 확인이 필요합니다.

조합 예탁금은 공제 조합의 조합원이 되어 예탁금을 납부할 경우, 그 금액에 대해 비과세 혜택을 받을 수 있는 구조입니다. 이는 조합원들이 자신의 유동성 자금을 활용하면서도 세금 부담 없이 경제 활동을 할 수 있도록 지원하는 제도입니다.

은퇴자에게 이 두 가지 상품은 매우 유용합니다. 나이 조건에 부합하는 은퇴자는 이를 활용하여 최대 8천만 원까지의 자산에 대해 세금 부담 없이 유동성과 투자 자산을 관리할 수 있습니다. 이는 은퇴 후 안정적인 자산 관리와 세금 절감에 크게 기여할 수 있는 전략 중 하나입니다.

의 도입이 각종 감세 정책과 공존합니다. 전쟁, 질병 그리고 환경 문제 등 정부 지출은 더욱 증가합니다. 정부 부채가 더욱 가파르게 증가하고, 화폐 발행이 증가할 가능성을 배제하기 어렵습니다. 법정 화폐의 가치 하락 위험이 더욱 증가하고 있습니다.

은퇴자는 은퇴 자산의 명목 금액이 아닌 자산 가치를 지켜야 합니다. 그렇다면 자산 가치는 어떻게 지켜야 할까요?

어떤 위험을 감수해야 하나?

은퇴자가 자산 가치를 지키기 위해서는 어떻게 해야 할까요? 어떤 위험을 감수해야 할까요? 간단합니다. 인플레이션 위험을 헤지해야 합니다. 헤지란 손실 위험을 관리하는 것입니다. 인플레이션 헤지는 법정 화폐 가치 하락에 대비하는 것을 의미합니다. 포트폴리오를 구축할 때는 법정 화폐의 가치가 하락할 경우 손실을 보상할 수 있는 자산을 포함해야 합니다.

예를 들어, 물가가 20% 상승할 때 가격도 20% 상승할 자산은 무엇일까요? 소비자 물가 지수(CPI)에 연동되어 이자를 지급하는 채권이 가장 효과적일 것입니다. 또한, 공급량이 제한된 신뢰할 수 있는 자산일수록 헤지 효과가 크다고 할 수 있습니다. 한국에서는 우량 부동산을, 미국에서는 우량 주식을 생각할 것입니다. 금융 시장에서는 금, 미국 국채, 미국 달러, 일본 엔화 등이 안전 자산으로 분류됩니다. 누군가는 제도권 자산이 된 비트코인을 주장할 수도 있습니다.

우리가 안전 자산이라고 부르는 자산들은 예금이나 적금과는 달리 투자 상품이며, 이는 가격이 불리하게 변동할 경우 손실이 발생할 수 있다는 것을 의미합니다. 자산에 따라 가격 변동성이 크기도 합니다. 이러한 변동성 때문에 은퇴자는 자산 포트폴리오를 구성하면서 스트레스를 받을 수 있습니다. 그렇다면, 인플레이션이 지속적으로 발생하여 자산 가치가 하락하는 위험을 감수해야 할까요? 은퇴자는 법정 화폐의 가치 하락 위험을 어떻게 볼 것이며, 이에 어떻게 대응할지 결정해야 합니다.

은퇴 생활을 위한 투자 전략

은퇴 생활, 은퇴 자산 관리가 짧은 기간이 아닙니다. 시간은 길고 경제는 발전하며 인플레이션이 불가피합니다. 은퇴자가 4억 원이 있다고 가정하고 두 가지 투자를 비교해 보겠습니다.

❶ 예금 4억 원 연 3% 월 100만 원, 세금 납부 16.5%

❷ 배당주(예 맥쿼리인프라) 배당 연 6%, 월 200만 원

수치로 보면 배당주가 두 배 효과입니다. 배당주는 주가 변동 위험이 있습니다. 주가가 오르면 꿩 먹고 알 먹기가 됩니다. 다음은 2019년에서 2024년까지 다음의 투자를 했다고 가정해 보겠습니다. 결과는 각자 계산해 보세요.

- 예금
- 한국 주식(KOSPI200 인덱스 펀드, ETF)
- 미국 주식(S&P500 인덱스 펀드, ETF)
- 미국 주식 구글과 테슬라
- 금
- 비트코인

투자 성과를 평가할 때 가격 변동성이 큰 위험 자산을 기준으로 단정적으로 판단하기는 어렵습니다. 예를 들어, 직장 생활을 하면서 지켜본 30년 동안 한국의 부동산 가격이 상승했고, 미국의 주식 시장도 비슷한 추세를 보였습니다. 이처럼 은퇴 기간 동안 인플레이션이 지속된다면, 과연 어떤 자산을 보유하는 것이 바람직할까요? 대부분은 현금이나 예·적금을 가장 안정적인 선택으로 보지 않을 것입니다.

그러나 은퇴 기간 동안 인플레이션이 발생하지 않을 것이라는 확신이 없다면, 자산 포트폴리오를 현금성 자산이나 유동성이 높은 자산 위주로 구성하는 것이 과연 적절할까요? 이는 신중하게 고려해야 할 문제입니다. 은퇴 기간 동안 경제적 안정성을 유지하면서도 인플레이션에 대비할 수 있는 다양한 투자 전략을 강구해야 할 필요가 있습니다.

은퇴자의 자산 포트폴리오 구성

자산 포트폴리오에는 투자 자산이 포함되어야 합니다. 이것이 은퇴 자금으로 투자하라는 의미는 아닙니다. 투자는 손실 위험을 감수하며 수익을 목표로 하는 활동입니다. 그러나 은퇴자의 경우, 단기적인 수익 추구는 바람직하지 않습니다. 반드시 장기 투자에 집중해야 합니다. 만약 주식을 거래한다면, 잘 아는 몇 개의 회사에 국한해야 하며, 이는 10개 이내가 적절합니다. 투자 정보 관리와 시장 판단력을 과대평가해서는 안 됩니다. 또한, 자신이 판단하는 정보를 이용하여 펀더멘탈 분석을 하고 수급을 참고하여 중장기 투자를 해야 합니다. 중장기적으로 기업의 주가는 대부분 펀더멘탈을 반영합니다.

그러나 단기적인 가격 등락은 여러 가지 이유로 펀더멘탈과 괴리를 보일 수 있습니다. 그리고 개인은 단기적 가격 등락을 견디지 못하고 시장에서 손실을 보고 밀려날 가능성이 높습니다. 또한, 개별 기업은 시장 참여자들 간의 정보의 비대칭이 있을 가능성이 높습니다.

따라서 개인은 정보 비대칭이 상대적으로 적은 주가 지수에 투자하는 것이 적절합니다. ETF(상장 지수 펀드)에 투자하는 것이 대표적으로 주가 지수에 투자하는 것입니다. 개인이 투자자로서 시장의 평균을 이길 수 있다고 가정하는 것은 위험합니다. 개인 투자자는 시장의 평균 수익에 만족해야 합니다.

더구나 은퇴자의 시장 경쟁력은 객관적으로 평균 이하입니다. 따라서 평균 수익을 얻는 것은 좋은 전략입니다. 은퇴자가 할 일은 향후 상승할 시장을 찾는 것입니다. 미국, 중국, 일본, 유럽, 한국에서 선택해 보십시오. 초심자의 행운이나 막연한 기대감에 나의 소중한 은퇴 자산을 맡기면 곤란합니다.

마지막으로 투자는 인플레이션 위험에 대한 헤지가 가능한 자산이어야 합니다.

요약하면 은퇴자는 단기 매매가 아닌 중장기 투자를 해야 합니다. 개별 기업이 아닌 주가 지수에 투자해야 합니다. 그리고 투자 자산은 인플레이션 헤지 효과가 있어야 합니다. 은퇴자는 이런 기준으로 자산 포트폴리오를 구성해야 합니다.

황금 배분율

황금 배분율은 안정성과 성장성 사이의 균형을 의미합니다. 은퇴 생활에서 주택 연금을 활용하면 주거 안정과 함께 안정적인 경제생활을 유지할 수 있습니다.

명목 금액 보존이 가능한 확정 이자 상품과 인플레이션에 대응할 수 있는 위험 자산을 균형 있게 배분하는 것이 중요합니다. 위험 자산의 경우, 주식과 암호자산을 각각 절반씩 포함시키며, 주식 투자는 ETF, 일등 주, 배당주에 초점을 맞추는 것이 좋습니다. 경제 전망이나 종목 분석에 대한 개인적인 판단보다는, 이러한 전략을 통한 균형 잡힌 투자 접근이 더 신뢰할 수 있습니다.

은퇴자의 자산 포트폴리오를 구성하는 은퇴 자산 황금 배분율을 다음과 같이 정리할 수 있습니다.

황금 배분율의 구체적 예시

금융 자산이 4억 원(예금 2억 원, 미국 ETF 5천만 원, 한국 ETF 5천만 원, 비트코인 1억 원)이 있습니다. 시간이 지나고 인출은 매입 금액 기준으로 합니다. 은퇴 생활을 위해 1년간 5%를 인출하기로 했습니다.

집

가격 상승 기회를 포기할 수 있으면 주택 연금,
아니면 담보 대출 활용

금융 자산

예금(1a), 주식(0.5b, 한국·미국·중국 주가 지수),
암호자산(0.5c, 비트코인·이더리움), 단 a = b + c

❶ a, b, c를 1.0으로 한다. 1억 원이면 5,000만 원, 2,500만 원, 2,500만 원
❷ 암호자산을 제외하면(c = 0) 예금과 주식 절반씩
❸ 주식은 한국, 미국, 중국 ETF 동일 금액, 중국을 제외하면 한국과 미국 절반씩
❹ ETF 대신 업종 일등 주, 대표 배당주 내에서 선택할 수 있음

[그림 4-7] 황금 배분율 도식

- 매입 기준: 예금 1,000만 원, 미국 ETF 250만 원, 한국 ETF 250만 원, 비트코인 500만 원
- 인출 금액은 시장 가격에 따라 변동합니다. 각 자산에서 동일한 비율을 인출합니다.

예금 이외의 자산이 물가 상승 즉 인플레이션을 상당히 반영한다는 가정에서 예시를 제시합니다. 예금에 4억 원을 예치하고 일정 금액을 인출하는 것과 비교할 때 인플레이션 헤지 효과가 있음을 알 수 있습니다.

10년간 이자율은 연 3%, 미국 주가는 100% 상승, 한국 주가는 200% 상승, 비트코인 400% 상승으로 가정합니다. 5%를 인출한다면 다음과 같습니다.

- 예금, 1,300만 원(1,000만 원 × 3% × 10년, 이해를 위해 단리로 계산)
- 미국 ETF, 500만 원(250만 원 × (1+100%))
- 한국 ETF, 750만 원(250만 원 × (1+200%))
- 비트코인, 2,500만 원(500만 원 × (1+400%))

= 총 5,050만 원 인출

만약 전액 예금을 했다면 2,600만 원입니다.

2,600만 원 = 4억 원 × 5%(비중) × 3%(이자율) × 10년

06

보험 전략:
실손 보험과 건강 보험

은퇴자에게 보험은 중요하지만, 그 비용은 부담이 될 수 있는 지출입니다. 특히, 실손 보험은 필수적이지만, 갱신 시 보험료가 크게 오르는 경우가 많습니다. 보험 회사들이 이윤을 추구하는 기업이라는 점을 이해하면서도, 건강 관련 지출은 종종 사교육비와 유사하게, 투입 대비 확실한 효과를 보장받지 못하는 것처럼 느껴질 수 있습니다. 또한, 은퇴자 사이에서는 종종 공유하기 어려운 부양 관련 지출도 큰 부담이 됩니다. 이런 상황에서, 보험 선택과 건강 그리고 부양에 대한 지출을 어떻게 효과적으로 관리할 수 있을까요? 이는 은퇴자들이 반드시 고민하고 해결해야 할 문제입니다.

보험 가치의 재해석

은퇴자 입장에서 보험의 가치를 재해석해야 합니다. 보험은 경제적으로 이익을 얻으려는 투자 상품이 아닙니다. 보험이 있어 심리적으로 얻는 안정감이나 혹시 발생할 수 있는 큰 비용에 대한 준비가 된다는 측면이 가치인 것입니다.

보험 가치는 은퇴자의 건강 상황을 보고 결정해야 합니다. 그런데 실손 보험은 말 그대로 보험입니다. 은퇴 자금으로 감당할 수 있는 수준에서만 실손 보험을 유지해야 합니다. 다만 실손 보험에서 경제적 수익을 기대하면 곤란합니다.

- 납부 완료 보험 : 보장 기간과 범위 점검
- 납부 중 보험 : 보험료 부담과 보장 범위 점검
- 증여 상속의 연계 검토

고령자 보험 제도: 보험료 할인과 청약 철회 기간 연장

고령의 은퇴자에게 보험은 보험료 할인과 청약 철회 기간 연장 등의 제도가 적용됩니다.

65세 이후에는 납입 보험료 할인이 있습니다. 고령자는 교통안전 교육을 이수하면 자동차 보험료를 3.6~5.0% 할인해 줍니다. 주택 연금 가입자는 치매 보험에 가입할 때 보험료를 10% 할인해 줍니다.

그리고 서민 금융 지원책으로 경제적 약자에 대한 보험료 할인이 있습니다. 자동차 보험 피보험자가 기초 생활 수급자이거나 중증 장애인인 경우 3.5~8.0%의 보험료가 할인됩니다. 서민 금융에는 연 소득과 자동차 범위에 대한 제한이 있습니다. 비장애인인 부모가 장애인인 자녀를 피보험자로 보장성 보험에 가입하는 경우에도 세제 혜택이 있습니다.

고령자가 전화로 가입한 보험은 청약 철회 기간을 15일 연장합니다. 일반 금융 소비자는 보험 증권 수령 후 15일, 청약 후 30일 중 먼저 도래한 기간 내에 청약 철회가 가능합니다. 고령자는 보험증권 수령 후 15일, 청약 후 45일 중 먼저 도래한 기간 내에 청약 철회가 가능합니다.

건강 보험료: 임의 계속 가입 제도

은퇴하면 직장 보험에서 지역 보험으로 바뀝니다. 반은퇴자로 새로 직장을 잡으면 다시 직장 보험에 가입합니다.

직장을 잡지 않아도 납부하던 직장 보험료가 지역 보험료보다 낮으면 임의 계속 가입 제도를 이용합니다. 퇴직 두 달 이내에 신고하면 3년 동안 적용받습니다. 특히 회사 납입분을 부담하지 않아서 은퇴자 입장에서는 50% 절감 효과가 있습니다. 가입 조건은 은퇴 직전 18개월 중 12개월 이상 직장 의료 보험 자격을 유지했어야 합니다.

임의 계속 가입 제도를 신청한 은퇴자는 20만 명 수준이며, 피부양자도 비슷한 규모입니다.

건강 보험료는 금융 소득이 일정액(1천만 원, 기준 인하 예정) 이상이면 직장의 유무와 관계없이 지역 의료 보험을 납부합니다. 은퇴자가 금융 소득이 발생하면 금융 소득 종합 과세도 납부하고 건강 보험료 추가 납부 의무가 발생합니다. 금융 소득이 발생하면 건강 보험료를 확인하고 대응해야 합니다.

실손 보험 연장해야 하나?

보험은 경제적으로 손실이라고 했습니다. 경제적으로 본다면 내가 실손 보험료를 납부한 금액이 보험금 기대치보다 커야 합니다. 은퇴했으니 나이가 들었고 병원에 갈 일이 많을 것으로 생각합니다. 그런데 중요한 것은 보험 회사도 이 사실을 알고 있다는 것입니다.

실손 보험은 갱신 보험으로, 갱신되는 보험료는 크게 상승합니다. 따라서 상대적으로 혜택이 좋은 가입한 지 오래된 실손 보험은 연장을 긍정적으로 검토해야 합니다. 그러나 신규 가입이나 가입한 지 얼마 안 되는 실손 보험의 경우는 다시 한번 약관을 확인하여 보장 범위를 확인해야 합니다. 실손 보험이 없으면 병원에 갈 때 불편할 수 있습니다.

실손 보험의 유지, 연장에 대한 결정은 초등학교 산수가 아니고 대학교 미적분학처럼 복잡하게 고민해야 합니다. 나의 건강 상태와 재정 상황 그리고 보험료를 함께 생각해야 하기 때문입니다.

요약하면, 실손 보험 보험료는 돌려받을 수 없습니다. 납부해야 하는 보험료가, 내가 병원을 전혀 가지 않을 때에도 순수하게 보험의 의미로 가입하여, 일정 기간 심리적으로 편안한 대가로 지불할 수 있는 금액인지 판단해야 합니다. 납입 보험료가 얼마인지 규모를 판단하여 결정하는 것이 적절합니다. 실손 보험을 가입하지 않는 은퇴자는 실손 보험이 없기 때문에 좀 더 건강 관리에 신경 쓰게 되는 효과를 기대할 수 있습니다. 보험료를 납부하지 않는다면 미래의 아픈 상황을 대비해 돈을 모으는 것은 은퇴자에게 꼭 필요한 대응입니다.

07

정부 정책: 은퇴자를 위한 지원 프로그램

저성장 경제의 장기화에 따라, 정부는 생산부터 소비에 이르기까지 국민의 경제생활 전반에 걸쳐 영향을 미칩니다. 이는 은퇴자를 포함한 모든 국민의 복지 향상을 위해 다양한 인프라 제공과 경제적 약자 지원에 주력하고 있음을 의미합니다. 지방자치단체는 다양한 프로그램을 통해 은퇴자들이 자신의 시간을 투자하여 이익을 얻을 기회를 제공합니다.

따라서, 은퇴자들은 정부가 제공하는 다양한 정책과 프로그램에 관심을 가지고, 효율적인 지출 관리를 위해 이러한 지원을 적극적으로 활용해야 합니다.

정부 정책 방향의 이해

정부 정책의 방향은 주로 경제적으로 취약한 계층을 지원하는데 초점을 맞추고 있으며, 이는 경제적 약자에게 직접적인 금전적 지원뿐만 아니라 다양한 프로그램 제공을 통한 간접 지원을 포함합니다. 이러한 지원은 공원, 산책로와 같은 공공 인프라 구축에 이르기까지 다양하며, 궁극적으로 모든 시민의 삶의 질을 향상을 목표로 합니다. 특히, 경제적, 금전적 지원 및 프로그램 제공은 은퇴자들을 포함한 모든 세대의 복지 증진에 기여하고 있습니다.

은퇴자를 위한 정책과 관련하여, 때로는 이러한 정책들이 청년 세대의 기회에 영향을 줄 수 있다는 우려가 제기됩니다. 예를 들어, 은퇴 나이를 늦추는 결정은 청년 실업률에 영향을 줄 수 있으며, 이는 사회 전반에 걸쳐 논의의 여지를 제공합니다. 그러나 이는 정책 입안자들이 고려해야 할 다양한 요소 중 하나이며, 이러한 문제는 정책의 균형을 맞추고 모든 세대의 이익을 고려하여 접근함으로써 해결될 수 있습니다.

정부 정책은 사회의 다양한 요구와 기대에 부응하기 위해 계속해서 발전하고 있으며, 은퇴자뿐만 아니라 모든 세대가 상호 이익을 볼 수 있는 방향으로 나아가고 있습니다. 이러한 정책들은 사회적 연대와 세대 간의 균형을 추구하며, 모두를 위한 포용적인 사회 구축을 목표로 합니다.

은퇴자가 활용할 수 있는 정부 지원

정부는 사회적 약자를 지원하기 위한 정책을 강화하고 있으며, 고령의 은퇴자들 역시 이러한 지원의 중요한 대상입니다. 이에 정부는 기초 연금과 같은 현금 지원 정책을 포함하여 금융 생활과 사회생활 전반에 걸친 다양한 정책을 시행하고 있습니다.

이러한 정부 지원 프로그램에 대한 정보는 뉴스, 인터넷 검색을 통해 쉽게 찾아볼 수 있으며, 자세한 내용은 금융감독원 홈페이지나 지방자치단체의 공식 홈페이지에서 확인할 수 있습니다. 또한, 유튜브와 같은 플랫폼에서는 이와 관련된 정보를 잘 정리해서 제공하기도 합니다.

은퇴자들은 이런 정부의 다양한 지원 정책을 적극 활용하는 것이 유리합니다. 특히, 직접적인 현금 지원을 비롯하여 지방자치단체별로 제공하는 다양한 프로그램을 적은 비용이나 무료로 이용할 기회가 많습니다. 지자체는 이러한 프로그램들을 문자 메시지 등을 통해 홍보하며, 지자체의 홈페이지에 접속하면 더욱 많은 정보를 얻을 수 있습니다. 이를 통해 은퇴자는 더 풍부하고 활동적인 은퇴 생활을 영위할 수 있습니다.

금전적 지원 및 주거 정책

은퇴 후의 안정적인 생활을 위해 정부는 다양한 금전적 지원 및 주거 관련 정책을 제공합니다. 이러한 지원을 통해 노후 생활의 경제적 부담을 줄이고, 안정적인 주거 환경을 확보할 수 있습니다.

- 기초 연금: 만 65세 이상 소득 하위 계층 노인에게 매월 일정 금액을 지원. 국민연금공단 또는 주민 센터에서 신청 가능.
- LH 및 SH 주택 정책: 저소득 노인을 대상으로 한 임대 주택 또는 특별 공급 주택 제공. LH 또는 SH를 통해 신청.
- 노인 장기 요양 보험: 일상생활에 어려움이 있는 노인에게 장기 요양 서비스를 제공. 국민건강보험공단에서 신청.
- 에너지 바우처: 겨울철 난방비 부담을 경감시켜 주는 에너지 바우처 프로그램. 시·군·구청 또는 복지로에서 신청.
- 주거 급여: 저소득층 대상으로 주거비를 지원, 안정적인 주거 환경 보장. 주민 센터 또는 복지로에서 신청.

일자리 제공

은퇴 후에도 활동적인 생활을 지속하고 추가 수입을 얻기 위해 정부는 다양한 일자리 프로그램을 제공합니다. 이러한 프로그램들은 은퇴자의 경험과 지식을 사회에 환원할 기회를 제공합니다.

- 어르신 일자리 정책: 공공 및 민간 부문에서 어르신 대상 다양한 일자리를 제공. 지역 노인복지관 또는 시·군·구청을 통해 참여 가능.
- 시니어 클럽 프로그램: 소규모 사업을 운영하며 어르신에게 제공하는 일자리 프로그램. 지역 시니어 클럽이나 노인복지관을 통해 참여.
- 노인 교통 안내원: 교통안전을 돕는 일자리, 지역 사회 내에서 활동. 지역 경찰서나 시·군·구청에서 신청.
- 공공기관 시니어 인턴십: 공공기관에서 제공하는 단기 인턴십을 통해 경험과 지식을 활용하는 기회. 해당 기관의 공식 채용 정보를 통해 확인 가능.

문화 및 인프라 관련 지원

문화적 삶의 질 향상과 건강 유지를 위해 정부는 다양한 문화 및 인프라 관련 지원을 제공합니다. 이러한 지원을 통해 은퇴자는 취미와 여가를 즐기며 사회와 소통하는 기회를 가질 수 있습니다.

- 문화누리카드: 문화, 예술, 체육 활동 이용을 위한 연간 지원금 제공. 문화누리카드 홈페이지 또는 문화 센터에서 신청.
- 공공 도서관 프로그램: 도서 클럽, 강연, 교육 프로그램 등을

제공하는 공공 도서관. 가까운 공공 도서관에서 프로그램 확인 및 참여.

- 국립공원 무료입장: 일정 연령 이상 어르신 대상 국립공원 무료입장 혜택. 국립공원관리공단 웹사이트에서 확인 가능.
- 시니어 IT 교육 프로그램: 디지털 기술 활용 교육을 제공하여 정보 격차 해소. 정보통신기술진흥센터 또는 지역 커뮤니티 센터에서 제공.

08

기타: 건강, 가족, 취미

앞서 언급한 황금 배분율을 적용한 자산 포트폴리오 구성을 통해 안정적인 수익률을 추구하는 것도 중요하지만, 건강 유지와 가정의 화목, 개인의 자존감을 증진시키는 취미 활동을 통해 보람찬 시간을 보내는 것 또한, 자산 관리에 큰 도움이 됩니다. 개인에게 적합한 건강 관리 방법을 찾아 배우자나 가족과 함께할 수 있는 활동을 정기적으로 계획하고, 자신만의 취미를 발견하여 삶의 질을 향상시키는 것이 중요합니다. 이러한 다각적 접근은 은퇴자가 경제적으로뿐만 아니라 정신적으로도 충족된 생활을 영위하는 데 크게 기여합니다.

은퇴자의 건강

사실 은퇴자에게 자산보다 더 중요한 것이 건강입니다. 건강하지 않으면 자산을 관리하고 가족과 화목하게 지내는 것도 아무런 의미가 없습니다. 오히려 나의 건강 문제가 가족에게 짐이 될 수 있습니다.

은퇴자는 생활비의 일부를 반드시 건강을 유지하고 관리하는데 사용해야 합니다. 그리고 생활비가 넉넉하지 않다면 정부가 제공하는 프로그램이나 인프라를 적극 활용해야 합니다.

TIP. 건강 지출의 신중한 관리가 필요하다!

은퇴 후 많은 시간을 가지게 되면서 건강에 대한 관심도 높아집니다. 이때 건강 진단, 예방적 치료, 영양제 구입 등의 지출이 증가할 수 있습니다. 특히 고가의 건강식품이나 검증되지 않은 영양제 구매 경향이 있어 은퇴 자산을 소모할 수 있습니다.

은퇴자는 건강 지출을 결정할 때 신중해야 하며, 필요 없거나 효과가 불확실한 제품 소비는 최소화해야 합니다. 비싼 건강식품 구매 전 효능이 과학적으로 입증되었는지와 본인에게 필요한지 검토하고, 전문가 조언을 구하는 것이 좋습니다. 적절하지 못한 건강 관련 지출을 줄이면 은퇴 자산을 효과적으로 관리하고 경제적 부담을 줄일 수 있습니다. 건강과 경제적 안정을 지키기 위한 현명한 선택이 필요합니다.

우리나라는 국민들이 의지만 있으면 건강 관리를 할 수 있도록 인프라가 잘 구축되어 있습니다. 서울 도심으로 예를 들어보겠습니다. 구마다 구청 이외에 문화 센터, 체육 문화 센터가 있습니다. 도심 곳곳에 운동기구를 설치했습니다. 대부분의 산에는 데크를 설치했습니다.

트레킹이 가능한 코스가 충분히 개발되어 있습니다. 심심하지 않도록 서울둘레길, 북한산둘레길, 한양도성길은 물론이고 구마다 은평둘레길, 중랑둘레길, 양천둘레길, 구로명품길, 강남둘레길, 송파둘레길 등을 지정했습니다. 서울도보관광코스. 동네골목길관광코스(종로구), 동작충효길 등을 운영합니다. 강원도는 2023년 강원샷건 행사를 했습니다.

앱을 통해 목표를 세우고 달성하면 인증도 하고 작은 기념품도 줍니다. 서울만이 아니라 지방도 마찬가지입니다. 우리나라 동해안에는 해파랑길, 남해안에는 남파랑길, 서해안에는 서해랑길이 있습니다.

등산의 경우도 다양합니다. 전국에 100대 명산, 200대 명산, 400대 명산이 지정되어 있습니다. 국립공원 20개, 도립공원 18개, 서울산 75개, 가평 53산, 남양주시 30산, 김포 17산, 안성 14산개 등 인터넷의 앱을 이용하면 건강도 관리하고 여행도 할 수 있는 프로그램이 충분합니다. 계획을 세우고 하나씩 찾아다니면 건강도 관리하고 여행도 할 수 있습니다. 서울 두드림길과 두루누비를 검색해 보시기 바랍니다.

화목한 가족

은퇴 생활은 사회적 활동에서 한 발짝 물러나 가족과 더 많은 시간을 보내는 과정입니다. 가족은 단순한 경제적 공동체를 넘어, 서로의 삶을 함께하는 중요한 파트너입니다. 이런 맥락에서 부부가 서로의 관심사를 공유하며 상호 배려하는 것은 가치 있는 관계를

TIP. 피할 수 없는 부양

은퇴 후에도 가족 부양은 계속되는 의무입니다. 은퇴 자금 계획에는 예상치 못한 부양비도 포함해야 할 수 있습니다. 특히, 의료나 간병이 필요할 때는 비용이 클 수 있으므로 미리 준비하는 것이 중요합니다.

늦둥이 자녀가 있다면 은퇴 후에도 교육비가 큰 부담이 될 수 있고, 자녀의 사회적, 경제적 독립이 어려운 경우도 있습니다. 이런 상황에서는 부모가 경제적 지원을 해야 할 수도 있습니다.

따라서 은퇴 계획에 가족 부양비를 포함시키는 것은 경제적 안정성을 유지하고, 가족 간의 유대를 강화하는 데 도움이 될 수 있습니다. 서로를 지원함으로써 가족 구성원 모두가 함께 성장하고 발전할 수 있습니다.

구축하는 데 필수적입니다. 예를 들어, 아내가 남편의 축구 중계 시청을 함께하거나 남편이 아내의 홈쇼핑 시청에 동참하는 것 같은 작은 행동들이 큰 의미를 가집니다.

공통의 취미를 발견하고 정부 지원 프로그램에 함께 참여하는 것 또한 관계를 강화하고, 자산 관리에도 긍정적인 영향을 미칩니다. 건강을 함께 유지하면 국민연금이나 주택 연금 같은 재정적 혜택을 오랫동안 누릴 수 있으며, 이는 둘만의 삶뿐만 아니라 가족 전체의 안정에 기여합니다.

혼자 있는 은퇴자라면 친구나 자녀와의 관계 강화, 새로운 사회적 활동 참여를 통해 삶의 만족도를 높일 수 있습니다. 지역 사회의 모임이나 정부 프로그램을 통해 취미와 기술을 배우는 것은 은퇴 생활을 보다 풍부하고 의미 있게 만듭니다. 이러한 노력은 은퇴 후 삶을 활기차고 건강하게 만들어, 삶의 질을 향상시키는 중요한 역할을 합니다.

취미

취미는 각자 다양하며, 특별히 취미가 없는 은퇴자에게는 몸과 마음을 동시에 활용할 수 있는 활동을 추천합니다. 직장 생활로 몸을 많이 움직이지 않았다면, 운동을 겸한 여행, 등산, 트레킹 같은 활동이 유익할 수 있습니다. 사람은 본능적으로 무언가를 모으는 욕구가 있으며, 이는 돈이나 수집품을 모으는 것처럼 체계적인 접근이 필요합니다. 일상에서 조금씩 할 수 있고, 무언가를 모을 수 있는 취미가 이상적입니다.

예를 들어, 책을 읽고 3~5줄로 요약해 기록하는 것도 훌륭한 취미가 될 수 있습니다. 도서관 방문 및 도서 대출은 책 읽기의 즐거움을 더합니다. 스마트폰 앱을 활용해 취미 활동을 체계적으로 관리하고 목표를 설정하는 것도 좋습니다. 예를 들어, 100대 명산 방문 기록, 북한산 둘레길이나 고양누리길 걷기 기록 같은 활동은 앱을 통해 관리할 수 있습니다. 하지만, 술 병뚜껑 모으기 같은 활동은 바람직하지 않습니다.

일기 쓰기도 강력히 추천합니다. 하루를 단 3줄로 정리해도 좋으니, 매일 자신의 경험을 기록하는 것이 중요합니다. 일기는 내일을 위한 동기 부여가 되기도 합니다. 저는 2019년 4월부터 매일 만보를 걷고, 이를 페이스북에 일기를 겸하여 정리하며, 사진과 함께 공유합니다. 매일 아침 일찍 일어나 서울의 일출을 유튜브 스트리밍으로 공유하고자 합니다. 시청자가 많지 않더라도, 이것은 매일 아침 일어나 무언가를 실행하는 데에 중요한 동기가 됩니다.

5장

은퇴자를 위한 100일 플랜,
점검편

01

유형별로 확인하는 은퇴 점검 가이드

앞서 우리는 자산과 부채 상태를 면밀히 분석하고, 가능한 옵션들을 비교한 끝에 구체적인 실행 계획을 세웠습니다. 이 과정을 등산에 비유하자면, 은퇴자는 이미 정상에 가까운 9부 능선까지 올라온 셈입니다. 이 중요한 시점에서, 지금까지의 여정을 돌아보고 전체 계획을 종합적으로 다시 한번 검토해야 합니다. 특히, 본인의 상황이 언급된 유형과 밀접하다면, 제시된 내용을 참고하여 자신의 은퇴 계획을 다시 점검해 봅시다. 이는 자신의 계획이 올바른 방향으로 진행되고 있는지 확인하고, 필요한 조정을 가하는 데에 큰 도움이 될 것입니다.

광개토 씨와 같은 은퇴자라면!

부동산과 금융 자산이 많고 경제적 여유가 있는 광개토 씨는 증여와 상속 그리고 세금에 관심이 많을 것입니다. 투자를 통한 수익 확대도 중요하지만, 안정적 자산을 중심으로 포트폴리오를 구성하고 전체 자산의 평균 수익률을 꾸준히 유지하고자 할 것입니다. 이 경우에는 인플레이션 헤지가 유용해 보입니다.

자산이 많으면 투자 기회가 많아집니다. 투자 규모가 커지면 동일한 자산을 운용할 때는 기대 수익률이 하락합니다. 주식을 1천만 원 운용하는 것과 10억 원을 운용하는 것을 비교하면, 후자의 기대 수익률이 낮아집니다. 그러나 투자 자산 범위가 다르다면 자산 규모가 클수록 투자 수익의 기회가 확대됩니다. 부동산 투자로 비유하면 10억 원으로는 아파트 등의 주거 시설을 구입해야 하지만, 200억 원이 있으면 건물에도 투자할 수 있습니다. 큰돈이 있으면 주식 등 표준화된 자산만이 아니라 회사 자체를 설립하거나 매입할 수 있는 여지가 있습니다.

투자 자금이 많으면 다양한 자산에 투자할 수 있습니다. 금융 상품인 펀드의 경우에도 주로 소액을 투자하는 일반 투자자와 달리, 하나의 펀드에 큰 규모를 투자하는 적격 투자자(전문 투자자 포함)는 선택할 수 있는 펀드의 종류가 많습니다.

자산 규모가 크면 주식 등 위험 자산의 기대 수익률보다는 금리나 채권 수익률 등 큰 규모의 자금으로 안정적 수익을 추구하는 것이 일반적입니다. 동일한 상품에 대해서도 접근이 다를 수 있습니다. 보험 상품을 예로 들면 장기 상품인 보험을 통한 절세가 보장성 보험의 보장 성격보다 중요할 수 있습니다.

요약하면 광개토 씨는 반은퇴자로 소득을 위한 일자리보다는 사회봉사를 위한 일자리를 찾을 수 있습니다. 큰 수익이 아니라 안정적 수익을 위하여 다양한 자산과 다양한 금융 상품을 이용할 수 있습니다. 그리고 누구나 세금 부담을 최소화하면서 자식에게 증여와 상속을 중장기 전략을 세워 대응할 것입니다.

이순신 씨와 같은 은퇴자라면!

이순신 씨는 은퇴 자산 관리를 통해 지속 가능한 은퇴 생활이 가능한지가 중요할 것입니다. 직장 생활 30년의 자산 관리는 부동산이 중요했습니다. 그리고 현재의 자산도 대부분 부동산입니다. 따라서 부동산에 대한 의사 결정이 중요합니다. 부동산 결정은 은퇴 생활의 질을 크게 좌우할 것입니다. 인구의 고령화, 핵개인화, 부동산 가격의 양극화 그리고 인플레이션 등을 고민하고 부동산 가격을 예상해야 합니다. 주거 규모를 다운사이징할 것인지, 주택 연금에 가입할지 선택해야 합니다.

다음으로 금융 자산을 이용한 포트폴리오 구성이 중요합니다. 어떤 금융 자산이 인플레이션 헤지의 기능을 할 것인지 고민해야 합니다. 그런데 현실에서는 시간이 흐른 뒤에나 헤지 결과를 알 수 있습니다. 금융 자산의 수익을 수익과 인플레이션의 영향으로 구분할 필요가 있습니다. 이순신 씨의 경우, 반은퇴에 대한 적극적 대응이 자산을 허물어야 하는 시간을 늦출 수 있으며, 정부 정책을 활용하여 지출을 의미 있게 줄일 수 있습니다.

요약하면 주택에 대한 의사 결정이 중요합니다. 금융 자산은 위험 자산을 포함하여 인플레이션에 따른 자산 가치 하락 위험에 대비해야 합니다.

홍길동 씨와 같은 은퇴자라면!

홍길동 씨는 건강 관리를 통해 최대한 소득 기간을 늘려야 합니다. 반은퇴의 사회 변화를 적극 활용하고 참여해야 합니다. 다양한 정부 정책을 통해 소득을 늘리고, 지출을 줄이는 자산 관리가 필요 합니다. 그리고 당장 돈이 필요하다고 보험을 해약하지 말고 소득과 자산을 기준으로 적극적으로 보험을 활용해야 합니다.

은퇴 이후에 대출을 할 때는 보유 자산과 소득을 감안해야 합니다. 자산이 부족할 때는 돈을 빌려 레버리지 투자로 큰 수익을 추구하는 것이 일반적 현상입니다. 그러나 빌린 돈으로 투자할 때 수익률이 낮다는 것은 이미 금융 시장이 증명해 주었습니다. 주식투자에서도 개인 투자자들의 수익률이 낮으며 미니 선물, FX 마진 그리고 과거의 옵션 전용 계좌 등의 수익률은 낮습니다. 가격의 변동을 견디지 못하고 정보도 부족하며 이론 무장이나 분석에도 경쟁력이 높지 않기 때문입니다. 신규 대출을 만드는 것이 아니라 기존의 부채를 줄이는 것이 우선입니다. 특히 매월 지급하는 이자가 생활비에서 차지하는 비율이 높다면 생활의 질이 낮아지고 자칫 지속 가능성이 문제가 될 수 있습니다. 정부가 대출 관리를 할 때 소득을 기준으로 하는 이유이기도 합니다.

요약하면 홍길동 씨는 소득 기간을 늘리고, 부채를 줄이며 정부의 각종 정책을 잘 활용해야 합니다.

02

안정적 노후를 위한 은퇴자의 자산 관리 원칙

많은 은퇴자들이 추가 소득을 얻기 위해 부분적으로 일하는 반은퇴 생활을 선택하거나, 계산된 위험을 감수하고 투자를 통해 수익을 창출합니다. 중요한 것은, 은퇴자가 자신이 감당할 수 있는 위험의 범위를 명확히 파악하고, 이를 바탕으로 결정을 내리며, 투자 원칙을 명확히 설정하는 것입니다.

하지만 자산 관리는 단지 재정적인 측면에만 국한되지 않습니다. 은퇴자 본인과 가족의 건강 상태와 이로 인해 발생할 수 있는 부양 비용의 가능성을 충분히 이해하고, 이에 대응할 수 있는 전략을 마련하는 것 역시 자산 관리의 중요한 부분입니다. 이러한 준비를 통해 은퇴 생활에서 발생할 수 있는 다양한 상황에 대비하고, 재정적으로 안정적인 미래를 설계할 수 있습니다.

은퇴자의 자산 관리 범위

은퇴자의 자산 관리는 자산을 늘리는 투자와, 감당해야 하는 지출을 포함합니다. 그리고 자산의 가치는 인플레이션에 영향을 받습니다. 우선 자산 규모를 늘릴 수 있는 투자입니다. 은퇴자뿐만 아니라 누구나 자산을 늘리고 싶어 합니다. 그런데 투자에 신경을 쓴다고 올바른 판단을 해서 돈을 벌 수 있을지 장담할 수 없습니다. 그리고 은퇴자로서 소득으로 모아 놓은 소중한 자산을 판단의 실수로 잃었을 때의 상실감도 너무 큽니다. 은퇴자는 투자자로서 금융 시장에서 평균 이상의 경쟁력을 갖기 어렵습니다.

따라서 은퇴자는 무리한 수익을 추구하는 대신 평균의 성과를 추구해야 합니다. 즉, 인덱스 상품 위주의 투자를 권합니다. 자산 관리 측면에서 이자나 배당 혹은 자산 가격의 상승에서 발생하는 수익을 지출로 이용하는 것은 자산의 원금을 줄이지 않습니다. 원금, 즉 명목 원금을 유지하는 것은 소극적 자산 유지입니다. 적극적 자산 유지는 지출을 줄이는 것과 함께 반은퇴 생활을 통해 소득을 창출해야 가능합니다. 그리고 자산을 허물기 시작하는 시간을 최대한 늦추는 것이 중요합니다.

다음은 은퇴 이후 발생할 수 있는 지출에 대한 이해입니다. 현재 시점에서 생각할 때 미래에 발생할 가장 큰 지출은 무엇인가요? 생활비를 제외하면, 아마도 부양에 관련된 지출이 가장 클 것입니다. 부양은 자식과 부모에 대하여 모두 적용됩니다. 자녀는 대학 졸업까지만 책임질 것인지, 대학 졸업 이후에 사회생활 기반을 잡고 결혼하는 과정까지 책임질 것인지에 따라 은퇴자마다 지출에 차이가 있습니다. 부모님과 관련된 부양은, 부모님이 지병이 있거나 특히 간병이 필요한 경우 현실적으로 돈의 지출 규모만이 아니라 시간도 많이 소요됩니다.

지출 항목으로 두 번째로 중요한 것은 은퇴자의 건강 관련 비용입니다. 치료가 아닌 예방이나 건강식품 등에 대한 지출이 크게 증가하고 있습니다. 그리고 은퇴자가 예상하지 못한 병이나 사고로 인해 발생하는 비용까지 미리 준비하기 어렵습니다. 평상시 건강관리를 하고 병이나 사고의 가능성을 낮추는 것이 은퇴자의 중요한 역할입니다. 그럼에도 불구하고 건강이 악화되는 상황이 발생하면 그 상황에 맞게 대응해야 할 것입니다.

세 번째 지출은 투자 자산의 손실입니다. 자산 포트폴리오에 위험 자산이 있으면 가격 변동에 따라 자산 규모가 변동합니다. 은퇴자가 생각하는 가격으로 자산을 운용하면 돈 벌기가 너무 쉬운 금융 시장이지만, 현실에서는 가장 불리한 가격으로만 매매하는 경우가 더 많습니다. 국민연금과 개인연금으로 한 달에 250만 원을 받는데 일주일 만에 보유 주식의 평가 금액이 500만 원이나 손실 나는 일을 수시로 겪어야 합니다.

마지막 지출 항목은 가족의 재정입니다. 자신의 재정만큼이나 가족의 재정도 중요합니다. 자식이 전세 사기를 당하거나 부모님의 자산에 문제가 생기면 은퇴자에게 영향이 발생합니다.

은퇴자의 자산 관리는 인플레이션의 이해에서 출발해야 합니다. 직장 생활에서 월급으로 돈을 모으기가 힘들고 은퇴자들의 순자산 평균이 3~4억 원 수준이며 이는 부동산 가격 상승분으로 보인다고 했습니다. 은퇴자들은 자산이 저축이 아닌 인플레이션 덕분이라는 의미입니다. 따라서, 미래에 자산 가격이 어떤 움직임을 보일지를 인플레이션의 측면에서 바라보는 것이 중요합니다. 이 책에서는 처음부터 반복적으로 정부의 유동성 공급으로 인한 화폐 가치의 하락이 인플레이션으로 나타날 가능성이 커 보인다고 했습니다.

자산 관리 원칙

자산 관리는 결국 간단한 원칙과 기본 사칙연산에 기반한 의사 결정 과정입니다. 은퇴자의 경우, 자신의 자산을 주기적으로 점검하고, 변화하는 시장 상황에 맞춰 대안을 고민하며, 결정한 후에는 그 결정을 꾸준히 실행하는 일련의 과정을 거치게 됩니다. 자산 관리의 핵심은 적절한 자산의 선택과 결정한 포트폴리오를 일관되게 유지하고, 필요할 때 적절하게 조정하는 능력에 있습니다.

자산 시장을 객관적 시각으로 바라보기

직장 생활을 하면서 우리는 미래를 예측할 수 없었습니다. 은퇴 후의 30년도 마찬가지로, 현재 모든 것을 완벽히 준비할 수 있다고 기대해서는 안 됩니다. 대신 가능한 미래 시나리오를 고려하고, 변화하는 세상에 유연하게 대응하는 태도가 필요합니다. 개인적인 판단보다는, 주변 사람들의 시각과 금융 시장의 흐름을 중요하게 여겨야 합니다. 이런 객관적 시각을 통해 자산 시장을 바라볼 때, 특히 미래에 발생할 수 있는 인플레이션을 염두에 두어야 합니다.

자산 시장은 최적화가 아닌 게임 이론으로 바라보아야 합니다. 정해진 변수와 조건에서 최선의 선택을 하는 것은 최적화가 아닙니다. 시장에 참여한 참가자들이 실시간으로 의사 결정을 바꾸면서 서로 좋은 결과를 추구하는 게임 이론을 적용해야 하는 것입니다. 카드 게임을 할 때 나의 패보다 남의 패가 중요하다는 것은 우리가 모두 알고 있습니다.

편입 자산의 중요성 이해

자산 관리는 자신의 포트폴리오에 대한 깊은 이해와 그에 대한 확신을 가지고 일관되게 관리하는 과정입니다. 이 과정에서 가장 중요한 것은 자산 선택입니다. 시장을 잘 이해하고 시장의 흐름에 맞춰가는 것도 중요하지만, 무엇을 포트폴리오에 포함시킬지 결정하는 것이 핵심입니다. 미래는 불확실하기 때문에 자산 관리가 복잡해집니다. 만약 미래의 가치가 상승할 자산을 확실히 알 수 있다면 선택은 간단해질 것입니다.

하지만 우리는 과거를 돌아보며, 예측 불가능한 미래에 대비해야 합니다. 이는 금융 시장이 존재하는 이유 중 하나이며, 불확실성을 관리하는 것이 우리의 주요 임무입니다. 따라서 자산 선택과 관련해 중요한 것은 다양한 자산을 균형 있게 포함시키는 것입니다. 과거의 성공이 미래의 성공을 보장하지 않기 때문에, 부동산, 주식, 인덱스 펀드, 디지털 자산 등 다양한 옵션을 고려해야 합니다. 이러한 다양성은 불확실한 미래에 대비하는 하나의 방법입니다. 자산 관리의 또 다른 원칙은 자산 가치의 변동을 겸허히 받아들이고, 인덱스 펀드와 같은 시장 평균 수익을 추구하는 것입니다. 이는 모든 투자가 수익을 보장하는 것은 아니며, 때로는 안정적인 대형 우량주가 더 좋은 선택이 될 수 있음을 의미합니다.

은퇴자는 시장의 변동을 주시하면서도 포트폴리오 구성을 자주 바꾸지 않아야 합니다. 투자 기회는 항상 있으며, 조급함보다는 신중한 결정이 중요합니다. 또한, 유행하는 투자 정보에 현혹되지 않고 장기적인 추세를 보는 안목을 가져야 합니다. 시장은 변화무쌍하며 과거의 성공이 미래를 보장하지 않습니다. 따라서 투자 결정에 있어 신중히 처리하는 것이 중요하며, 장기적인 관점에서 자산을 선택하고 관리하는 것이 자산 관리의 핵심입니다.

자신감과 현실적 기대치

자신에 대한 확신과 유혹을 이겨낼 자신감이 필요합니다. 대부분의 사람들이 최상의 결정을 내리기 어렵듯, 평균적인 성과를 달성하는 것도 자산 관리에서는 충분히 좋은 결과로 간주됩니다. 우리는 자산 관리에서 최선의 의사 결정을 하겠지만 일등을 하기는 어렵습니다. 학교에서 성적이 상위 10%에 드는 학생이나, 직장에서 일을 잘하는 10%의 사람의 비율은 정해져 있습니다. 전문가가 많은 투자의 세계에서 비전문가인 은퇴자가 금융 시장에서 얻는 50%는 결코 나쁜 성적이 아닙니다. 특히, 시장에서 뛰어난 성과를 자랑하는 사례들과 비교해 자신을 과소평가하지 않도록 주의해야 합니다.

예를 들어, 삼성전자 주식이 오랜 기간 동안 높은 수익률을 보였지만, 실제로 대부분의 투자자는 큰 이익을 보지 못한 것과 같습니다. 다른 사람들도 우리와 다르지 않습니다. 중요한 것은 특정 주식을 오래 보유할 수 있는 능력이며, 매매 타이밍이나 단기적인 가격 변동보다는 어떤 자산을 포트폴리오에 편입할지 결정하는 것이 더 중요합니다. 은퇴 자산 관리도 결국 어떤 자산을 편입할 것 인가가 중요합니다. 매매 타이밍이나 가격의 등락은 덜 중요합니다.

의사 결정의 번복은 최소화

사람들은 종종 의사 결정을 번복하게 되는데, 이러한 변경은 추가 비용을 발생시킵니다. 예를 들어, 주식 매매 시 발생하는 중개 수수료나 시장 변동으로 인한 비용 등이 있습니다. 따라서, 자산 관리에서의 포트폴리오 변경은 신중하게 이루어져야 하며, 때로는 아무런 행동도 취하지 않는 것이 최선일 수 있습니다. 이는 더 좋은 기회를 기다리며 필요할 때 수정 보완할 수 있는 여지를 남겨두는 전략입니다. 종종 A를 선택하고 나면 B가 좋아 보입니다. 그래서 B로 바꾸면 다시 A가 좋아 보입니다. 생각은 언제든 자유롭게 바꿀 수 있습니다. 그러나 자산 관리에서는 바뀐 생각을 실행하는 것이 기회이자 비용을 발생시키는 요인입니다. 자산 운용의 경험이 쌓이면, 이러한 의사 결정의 번복이 오히려 투자 결과를 나쁘게 만들고, 이후의 자산 운용에 대한 자신감을 잃게 만드는 요인이 됩니다.

03

정상 상황에서 자산 관리

은퇴자의 자산은 금리, 주가, 환율과 같은 금융 지표뿐만 아니라 부동산이나 암호자산과 같은 다양한 자산 클래스에 의해 영향을 받을 수 있습니다. 경제 상황의 변동성은 자산의 평가액에 직접적이거나, 간접적인 변화를 가져올 수 있습니다. '정상 상황'이란 경험과 분석을 바탕으로 통계적 접근이 가능한 상태를 의미하며, 이는 미래 시나리오를 예측하고 사전에 대응 계획을 세울 수 있는 범위 안에 있음을 나타냅니다. 이를 통해 은퇴자는 불확실한 경제 환경 속에서도 자산을 보다 효과적으로 관리하고 보호하는 전략을 수립할 수 있습니다.

금융 지표와 시장 반응 이해

우리는 평생 보면서도 간과한 금융 지표들이 있습니다. 그리고 시장은 내가 최선을 다하는 것도 중요하지만, 다른 사람들의 생각과 의사 결정도 중요합니다. 누군가는 부채가 없어 한국은행의 기준 금리 인상에 관심이 없을 수 있습니다. 그러나 대출이 많은 자영업자나 주택 담보 대출이 있는 사람들이 많아서 시장 경제에는 영향이 큽니다. 나 혼자만 잘하면 되는 것이 아닙니다. 특히 이론과 실제가 다른 경우가 많습니다.

금리 전망 : 은퇴자를 위한 경제 시장 이해

금리는 경제 성장률, 인플레이션과 관련이 있으며 돈의 사용 대가로서 돈의 기회비용을 알려 줍니다. 금리의 기준은 각국 중앙은행이 발표하는 기준 금리이며 언론에서도 쉽게 확인할 수 있습니다. 원론적으로 경제가 안 좋으면 경제를 살리기 위하여 기준 금리를 인하합니다. 시장에 유동성이 많거나 경기가 과열되면 기준 금리를 낮추어 진정시키는 것이 금리 정책입니다.

사람들은 대부분 금리가 유지될 것으로 전망합니다. 코로나19로 저금리 정책을 펼쳤던 각국 정부가 시중에 풀린 유동성을 흡수하고 인플레이션을 낮춘다는 명분으로 기준 금리를 인상했었습니다. 그로 인해 금리가 유지될 것으로 생각했던 많은 대출자들이 증가한 이자 부담으로 고통을 받았습니다. 미국의 지방은행 중에는 가장 안전하다고 믿었던 미국 국채(미국 정부가 발행한 채권)를 과다하게 보유하고 있다가 금리가 올라가서 평가 손실이 많이 발생하고, 유상 증자가 원활하지 않아 파산하기도 했습니다. 간혹 사람들은 금리 상품에 대하여 채권을 매입하면 손실이 없을 것으로 생각하기도 합니다. 그러나 채권 투자 손실이 없다는 설명은 채권을 매입하여 만기까지 보유하는 경우에만 적용됩니다. 금리 관련 금융 상품(국공채 펀드 등)은 금리 변동에 따라 손실이 발생합니다. 예를 들어 만기 30년 국채는 금리가 0.25% 변동하면 평가 금액이 5% 이상 변동합니다. 만기 10년 국채는 2% 이상의 변동이 발생할 수 있습니다. 주식보다 가격 변동이 작다고 믿는 것은 틀릴 수 있습니다.

부동산 전망 : 은퇴 자산 관리 전략

부동산 시장의 안정성에 대해 논의할 때, 흔히 대한민국의 강남 아파트를 언급합니다. 대한민국에는 2,200만 세대 이상이 존재하며, 그 중 강남 3구의 아파트는 30만 채에 불과합니다. 이는 전체의 1.5% 미만이지만, 많은 사람들이 이 지역을 부동산 시장의 대표로 여기곤 합니다. '강남 불패'라는 말이 있듯, 강남 아파트는 중장기적으로 높은 상승률을 보여왔으나, 가격이 20~30% 하락할 때도 있었습니다. 특히, 대출 부담이 큰 경우 이자를 감당하지 못하고 부동산을 처분해야 할 때 큰 손실을 입는 경우도 있습니다.

인구 고령화와 출산율 감소로 인해 인구가 감소하면서 부동산 시장에 미치는 영향을 고려해야 합니다. 은퇴자들은 고비용의 부동산을 계속 유지하기보다 점점 2급지나 3급지로 이동하는 경향이 있습니다. 이는 비용 절감과 함께 생활 수준을 유지하기 위한 전략적 선택입니다. 은퇴자들이 보유한 집을 매각하고 저렴한 주택을 매입함으로써 현금을 확보하는 사례도 증가하고 있습니다. 예를 들어, 서울에 있는 15억 원짜리 아파트를 팔고 경기도의 5억 원짜리 아파트를 구입할 경우, 10억 원의 현금이 생깁니다. 또한, 서울의 집을 8억 원에 전세를 주고 3억 원짜리 전세를 구할 경우, 5억 원의 현금이 생기며 이는 은퇴자가 이자 부담 없이 사용할 수 있는 자금입니다.

부동산 시장의 미래는 다양한 경제적, 사회적 요인에 의해 영향을 받을 것입니다. 따라서 은퇴자들의 자산 관리 전략은 이러한 변화를 유연하게 반영하여 조정될 필요가 있습니다. 이는 부동산을 포함한 자산의 효율적 관리를 통해 재정적 안정성을 유지하는 데 중요한 역할을 할 것입니다.

주식 시장 전망 : 은퇴 포트폴리오 다양화

주가는 어떻게 될까요? 주식은 현금화하기 좋은 자산입니다. 이론적으로 주가는 경제를 반영한다고 하지만 경제 성장률이 높은 나라의 주가 상승률이 꼭 높은 것은 아닙니다. 주가에 수급이 영향을 준다고 하는데, 은퇴자는 주식의 수급을 예상하기 어렵습니다. 연기금이 운용 자산이 확대되면서 시간이 지나면 한국 주식 시장에서 매입할 주식이 없을 것이라는 이야기도 있습니다. 이것은 핵가족화가 되어서 주택 공급이 크게 증가하지 않으면 부동산 가격이 상승할 것이라는 논리와 비슷해 보입니다.

은퇴자가 주식 투자를 할 때는 주식의 가격 상승에 따른 수익을 추구할 것인지, 아니면 연금을 보완하기 위해 배당이 높은 종목을 매입하여 배당 수입으로 연금을 보완할 것인지를 선택해야 합니다.

대한민국 주가는 구조적 저평가라는데 그것은 해소될 수 있을까요? 향후의 주가도 과거의 주가처럼 움직일까요?

수치로 비교해 보겠습니다. 1990년 1월 1일 334p였던 미국의 주가 지수인 S&P는 2024년 5,000p 수준으로, 15배 상승했습니다. 1990년 35,000yp(닛케이 지수는 엔화 단위를 기준으로 함) 수준이었던 일본의 주가 지수는 8,000yp 수준으로 하락했다가 2024년 40,000yp 수준이 되었습니다. 비슷한 기간에 한국의 종합 주가 지수는 1,000p 수준에서 2,500p 수준으로 상승했습니다.

1989년에 1,000p, 2007년 2,000p 그리고 2021년에 3,000p를 보였습니다. 한국, 미국, 일본의 주가 지수는 지난 30년간 너무도 다른 흐름을 보였습니다.

미래의 주가 흐름은 어떻게 될까요? 세계 경제를 이끄는 미국, 제조업 경쟁력이 뛰어난 중국, 30년간의 경제 정체기를 극복하고 있는 일본 그리고 인구 수에서 중국을 넘어서는 인도의 주가 중 어느 나라의 주가가 가장 안정적으로 상승할지는 중요한 질문입니다.

환율 전망: 은퇴 포트폴리오의 국제화

환율은 해외여행이나 유학생 자녀가 있는 경우에만 중요한 것이 아닙니다. 각국의 경제 상황은 수출입이 중요한 우리나라 경제에 많은 영향을 줍니다. 은퇴자 중에 자산이 많은 광개토 씨의 경우는 포트폴리오 구성에 해외 자산을 포함해야 합니다. 이미 국내 주식과 달리 양도 차익에 대한 과세가 있는 미국 주식을 투자하는 개인이 많습니다. 개인들이 브라질 등 신흥국 국채에 투자하는 사람도 많습니다. 이때 환율 위험을 어떻게 관리하느냐에 따라 투자의 성과에 영향을 줍니다.

이론적으로 환율은 각국 통화의 교환 비율이며 미래의 예상 환율은 각국의 금리 차를 반영합니다. 그러나 시간이 흐르면서 환율은 변동하며, 금리 차이는 1~2% 수준인데도 1년에 20~30%씩 변동하는 경우도 있습니다. 가장 안정적으로 보이는 미국과 일본의 환율인 달러엔 환율이 50%씩 변동하기도 합니다. 엔화 환율의 변동 폭을 금리차와 비교하면 매우 큽니다. 그리고 2008년 이후 환율의 변동에는 각국의 양적 완화도 영향을 주었습니다. 유럽이 양적 완화하던 시기에 유로화가 약세를 보였고 미국이 긴축 정책을 펼치는 시기에 미국 달러가 강세를 보였습니다.

대한민국 경제에 대한 신뢰와 관계없이 은퇴 자산 규모가 있는 은퇴자는 해외 자산을 일부 편입하는 포트폴리오를 권합니다. 이것은 환율에 위험을 노출시킨다고 보지 말고 각국 경제의 움직임과 관계없이 자산 가치를 관리한다고 보아야 합니다.

암호자산의 전망 : 미래 자산 배분 고려

암호자산, 비트코인을 편입해야 할까요? 누구나 디지털 전환 시대를 이야기합니다. 각국 정부는 양적 완화를 해 왔고, 앞으로도 명분이 있으면 양적 완화를 할 가능성이 높습니다. 법정 화폐의 가치 하락에 대한 헤지를 위하여 포트포리오 편입을 권합니다.

매일 24시간 365일 거래되는 사실상 첫 번째 연속 거래 자산입니다. 금융과 투자에서 가정하는 연속 거래를 시현한 자산입니다. 동일한 자산으로 전 세계의 수많은 거래소에서 표준화되어 다양한 통화로 거래되고 있습니다. 예를 들어 한국의 금 선물과 미국의 금 선물은 호환되지 않습니다. 비트코인이 가장 많은 국가에서 호환하여 거래할 수 있는 자산입니다. 비트코인을 보유한 보유자 수나 자산을 인지한 사람들의 숫자와 전 세계 금융 기관들의 관련 업무에 대한 진행 상황을 보면 이제 투자 자산으로 자리를 잡았다고 보입니다. 미국에서 2024년에 인가된 현물 ETF의 효과가 과거 금(Gold) ETF에서의 효과를 보일 수 있을지 주시해야 합니다.

혹자는 과거를 지배한 자산이 부동산과 주식이라면 미래를 지배할 자산은 비트코인과 주식이라고 주장합니다. 한국 사회에서 중장기적으로 부를 확대할 수 있는 자산이 과거에는 부동산이었다면, 미래에는 비트코인이라고 주장하기도 합니다.

대한민국 경제 성장과 전망

경제 성장률이 유지될 수 있을까요? 우리는 저성장 시대라고 합니다. 실질 경제 성장률이 2~3% 미만입니다. 저성장 사회, 성장이 멈춘 경제는 이어질까요? 아니면 과거의 성장률 6~8%를 회복할 수 있을까요?

정부의 재정 정책과 사회적 역할

정부 역할의 확대는 매우 중요합니다. 저녁 뉴스를 보면 정부가 돈 쓸 일이 얼마나 많은지 알 수 있습니다. 정부는 출산, 교육, 일자리, 소상공인, 농어촌, 고령자, 사회적 약자 지원 정책을 통해 모든 연령층을 지원합니다. '지원을 안 받고 혹은 못 받는 사람이 나쁜 인가'라고 생각할지 모릅니다. 정부는 대학 지원, R&D, 교통, 공항 건설, 지자체의 각종 대회 및 행사 그리고 각종 인프라 및 시설에 대한 투자비와 유지 관리비를 지출합니다.

얼마 전부터는 지자체를 통해서 국민들의 소비를 위하여 여행 지원을 시작했습니다. 지방 도시를 방문하도록 홍보하기 위하여 여행비 지원을 실행합니다. 지자체는 지역 내의 소비를 촉진시키려고 비용을 들여 지역 화폐를 만들고 운영합니다. 멀지 않은 시점에 정부는 기본 소득을 지원할 것으로 예상됩니다. 코로나19 시기에 지원금과 비슷한 맥락입니다.

우리 사회의 다양한 분야에 정부 지원금이 있습니다. 사업을 하는 분들은 정부 지원금을 잘 활용해야 합니다. 정부는 다양한 정책 자금을 지급합니다. 아쉬운 점은 정부 정책 실행 과정에서 일부 악용 사례가 있고, 세금이 누수된다고 표현합니다. 그래서 정부는 필요한 자금보다 많은 지출이 발생할 수 있습니다. 둘러보면 누가 정부에 세금을 납부하고 이 많은 정부 지출을 감당하는 것일까요?

재정 균형이 가능한가 하고 냉정하게 생각해 봅시다. 중요한 결정, 큰 결정을 선출직이 담당하기 때문에 선거가 반복될수록 혹시 재정 균형이 불가한 것은 아닐까요? 정부 돈으로 표를 얻는 경우는 없나요? 정부 입장에서 과거부터 해 오던 지출을 줄이지 못하고 새로운 지출을 지속적으로 만들고 있지는 않을까요. 더구나 수시로 전쟁이나 전염병 그리고 경기 부양을 위한 재정정책도 발생할 수 있습니다. 재정 균형은 꼭 필요하지만 달성하기 어려운 환경이라, 점점 멀어지는 목표일 수도 있습니다.

정부 부채와 유동성 공급의 미래

정부 부채는 정부의 재정 균형과 관련이 있습니다. 정부가 세금으로 균형 재정이 불가하면 정부 부채가 증가할 수 있습니다. 정부 입장에서 세금, 국채 발행(정부 부채) 혹은 정부 자산 매각의 방법 이외에 대안이 있을까요?

우리나라의 경우, 광의의 정부 부채에는 공적 연금도 포함되어야 합니다. 국민연금의 적자가 발생하면 그것은 정부 부채 요인이 됩니다. 정부가 기본 소득을 지급한다면, 그것을 세금으로 해결할 수 있을까요?

정부 예산에서 정부 부채의 이자 관련 비율은 지속적 확대가 되고 있습니다. 향후 정부 부채가 줄어들 수 있나요? 해결 방법에는 어떤 것이 있을까요?

유동성 공급은 정부가 돈을 찍는 양적 완화를 의미합니다. 2008년 이후 미국, 유럽, 중국, 일본 등이 앞다투어 양적 완화를 했습니다. 방법과 명칭은 조금씩 차이가 있었지만 금융 시장에는 지속적으로 유동성이 공급되었습니다. 유동성 공급이 반복되면서 법정 화폐의 가치는 지속적 하락을 보였습니다. 각국 간의 환율도 양적 완화의 강도에 영향을 받았습니다. 정부 부채가 증가하면 정부는 명분만 있으면 다시 양적 완화를 할 것입니다.

인플레이션의 이해와 경제학적 관점

인플레이션은 물가가 상승하는 것입니다. 정부가 화폐를 발행하면 법정 화폐 가치는 하락하고 자산 가격을 중심으로 인플레이션이 발생합니다. 양적 완화를 하지만 물가가 오르지 않는다는 것은 일시적으로는 나타날 수 있는 현상일지 몰라도, 결국 시간이 흐르면 인플레이션이 발생합니다.

경제학에서는 인플레이션의 원인을 공급 및 수요 측면에서 설명합니다. 그것은 유동성 공급이 제한적이어서 영향이 없다는 가정에서 설명입니다. 유동성 공급이 확대되는데도 인플레이션 문제가 발생하지 않는 것은 바람이지만 실현 불가능해 보입니다. 예를 들어 재화와 서비스가 100개 있는 섬에 화폐가 100개에서 200개로 증가하면 가격은 상승합니다.

정상 시장의 시나리오

정상 시장은 통계적 분석으로 설명이 가능한 시장을 의미합니다. 과거의 경험 혹은 경제 변수에 근거한 예상 범위를 벗어나지 않는 상황입니다. 금융에는 VaR이라는 개념이 있습니다. 주식을 1억 원 보유하고 있을 때 1주일간 95% 확률로 발생할 수 있는 최대 손실 금액을 가리킵니다. 예를 들어 VaR이 500만 원입니다. 95% 확률이므로, 5% 확률로는 500만 원 이상 손실이 가능하다는 의미를 포함합니다. 은퇴자 입장에서는 보유한 자산이 2억 원인데 1달간 95% 확률로 발생할 최대 손실은 2천만 원이라는 의미입니다.

그런데 정상 시장에서의 분석은 금융 기관의 전문적 자산 관리에서는 이론적으로 설명이 되므로 좋은 기준입니다. 그런데 은퇴자는 참고는 할 수 있지만 한계도 분명합니다. 5% 확률로 발생하는 손실을 예상하기 쉽지 않으며, 사건이 발생하더라도 적절하게 대응하기 어렵습니다. 주가가 20% 하락할 때 2천만 원 손실은 예상할 수 있더라도, '손실 상황에서 어떻게 하라는 것이지'라는 질문이 남습니다.

구체적 예시: 상황별 대응

금리 하락이 예상되면 채권 가격의 상승을 예상할 수 있습니다. 채권이나 채권형 펀드에 투자하면 유리합니다. 채권은 만기가 긴 장기물이 유리합니다. 금리 하락을 금융 시장의 불확실성 감소로 본다면 신용도가 낮은 채권이 유리합니다. 은행에서 주택 담보 대출을 받는다면 변동 금리 대출이 유리합니다. 금리 상승이 예상되면 반대입니다. 금리 상승이 예상되면 채권 가격의 하락을 예상하는 것입니다. 채권이나 채권형 펀드에 투자하면 불리합니다. 채권을 보유해야 한다면 만기가 짧은 단기물이 유리합니다. 금리 상승을 금융 시장의 불확실성 확대로 본다면 신용도가 높은 채권이 유리합니다. 은행에서 주택 담보 대출을 받는다면 고정 금리 대출이 유리합니다.

부동산 가격의 예상에 대한 대응 전략은 직관적입니다. 가격 상승이 예상되면 매수를 서두르고 매도는 늦추어야 합니다. 주택 갈아타기 관련 일시적 다주택자는 매각을 늦출 것입니다.

주가의 상승이 예상되면 어떻게 하나요? 주식 매입은 서두르고, 매각은 늦출 것입니다. 주식 투자 규모가 정해져 있다면, 주가의 민감도인 베타(Beta)가 높은 종목이 적절합니다. 베타가 높은 종목은 일반적으로 소형주입니다. 가치주보다는 성장주가 주가 상승

시기에는 유리할 것입니다.

환율이 상승한다고 표현하는 것은 미국 달러 환율의 상승을 의미하며 원화(KRW)의 가치가 하락하는 상황입니다. 이 경우는 해외 자산 보유가 유리하고, 반대로 해외 부채는 불리합니다. 해외 자산에 투자할 때는 환 헤지를 하지 않는 것이 유리합니다.

다음은 암호자산인 비트코인입니다. 비트코인 가격 상승을 예상하면 매수가 유리합니다. 그런데 은퇴자는 미국 등에서는 제도권 금융이 되었지만 한국에서는 제도권 상품이 아니라 암호자산 거래소에 대한 불안이 있습니다. 그런데 비트코인 선물이나 현물 ETF도 투자할 수 없다고 가정합니다. 이때는 비트코인 가격과 상관관계가 높은 자산에 투자합니다. 비트코인을 많이 보유한 미국 주식 혹은 비트코인 관련 산업 종목을 매수할 수 있습니다.

04

비정상 상황에서 자산 관리

대부분의 사람들은 일상에서 예기치 않은 변화를 비정상적인 사건으로 여깁니다. 경제 활동 내에도 모순이 존재하고, 이러한 불확실한 상황이 은퇴자들의 자산 관리에 끼칠 영향을 주의 깊게 관찰하는 것은 중요합니다. 특히, 자산의 상당 부분을 부동산에 의존하는 은퇴자들에게는 부동산 시장의 변동이 큰 영향을 미칠 수 있습니다. 또한, 개인의 건강 문제나 세계 정세에 대한 예기치 못한 변화와 같은 예측할 수 없는 사건들은 언제든 발생할 수 있으며, 이러한 예외적 상황에 완전히 대비하는 것은 실질적으로 불가능합니다. 가장 중요한 것은 이러한 사건들이 발생했을 때, 그 가능성을 이해하고 적절하게 대응할 수 있는 능력을 갖추는 것입니다.

개인적인 비정상 상황

은퇴자에게 건강 악화와 이로 인한 비용 발생은 중대한 문제입니다. 이와 동시에, 자신의 재산 중 대부분을 차지하는 부동산의 가치 변동도 큰 영향을 끼칩니다. 특히, 부동산 가격의 급격한 하락은 부동산을 보유한 은퇴자에게 심각한 재정적 위기를 야기할 수 있으며, 반대로 부동산 가격의 급등은 주택을 보유하지 않은 은퇴자에게 생활비 부담을 가중시키는 원인이 됩니다.

건강 문제는 개인뿐만 아니라 가족의 경제 상황에도 큰 영향을 미칩니다. 이는 은퇴자가 예상치 못한 비정상 상황으로 간주해야 할 중요한 요소입니다. 부동산 시장에서는 높은 금리와 부동산 대출의 증가로 인해 발생하는 높은 이자 부담이 주택 가격의 하락을 유발할 수 있습니다. 대출에 의존한 부동산 수요는 지속 가능하지 않으며, 이는 시장의 불안정성을 초래할 수 있습니다.

반면, 정부의 부동산 정책과 인플레이션에 따른 건설 비용 상승은 부동산 가격을 상승시키는 요인으로 작용할 수 있습니다. 또한, 시장의 수요와 공급 사이의 불일치는 부동산 가격 상승의 또 다른 원인입니다. 이러한 다양한 요소들은 은퇴자가 부동산 시장의 변동성에 대비하고 재정적 안정성을 유지하기 위해 신중한 계획과 관리가 필요함을 시사합니다.

국내 경제의 비정상 상황

대한민국 경제는 내외부 다양한 요인으로 인해 비정상적 상황에 부닥칠 위험을 지니고 있습니다. 특히, 개인 대출과 부동산 프로젝트 파이낸싱(PF)의 증가는 경제의 안정성을 크게 위협하는 요소입니다. 과도한 대출은 가계 부채를 늘리고, 이는 소비 감소로 이어져 경제 전반에 악영향을 미칠 수 있습니다. 부동산 PF의 경우, 부동산 시장이 과열되어 조정을 받게 될 때, 금융 시스템의 안정성에 심각한 위험을 초래할 수 있는 큰 충격을 경험할 수 있습니다.

이와 함께, 지정학적 위험도 한국 경제에 상당한 영향을 줄 수 있는 중요한 요소입니다. 한반도 주변의 지정학적 긴장이 외국인 투자 감소로 이어질 수 있으며, 이는 투자 축소 및 경제 성장 둔화의 주요 원인이 될 수 있습니다.

글로벌 위기

글로벌 위기는 다양한 형태로 우리의 삶과 경제에 영향을 미칩니다. 기후 변화와 환경 문제는 인류의 생활 방식에 중대한 영향을 줄 뿐만 아니라 경제적 측면에서도 중요한 변화를 초래합니다. 특히 은퇴자의 경우, 기상 악화와 온난화로 인해 생활에 직접적인 영향을 받고, 경제적으로 간접적인 영향을 겪게 됩니다.

지정학적 긴장도 글로벌 안정성에 큰 위협이 됩니다. 러시아와 우크라이나 사이의 갈등, 중국과 대만의 긴장, 한반도의 불안정성 등은 모두 국제 사회에 큰 불확실성을 안겨 주고 있습니다. 이러한 갈등이 실제 무력 충돌로 이어지지 않기를 바라며, 이는 국제 경제에도 큰 파장을 미칠 수 있습니다.

전염병의 재발은 2019년 전 세계를 강타한 코로나19 사태를 되새겨 볼 때, 글로벌 경제에 중대한 위협 요소입니다. 팬데믹은 국가 간 이동과 무역에 큰 제약을 가하며 경제 활동을 크게 저해할 수 있습니다.

또한, 국가 간의 갈등 증대는 세계 경제에 심각한 영향을 미칠 수 있습니다. 무역 장벽의 설치, 관세 인상 등은 물가 상승을 초래하며 기본적인 경제재의 확보 실패로 인한 혼란을 야기할 수 있습니다. 최근 우리가 경험한 요소수 문제와 같은 사건이 재발하지 않기를 바라며, 이는 국제적 협력과 대응 전략이 얼마나 중요한지를 알 수 있습니다.

비정상적 상황에 대한 시나리오 분석

은퇴자들에게 최악의 시나리오는 무엇일까요? 다양한 경제적 위험들이 지금까지와는 달리 복잡하고 예측 불가능한 형태로 나타날 가능성이 있습니다. 지정학적 긴장, 하이퍼인플레이션, 전염병 확산 등의 글로벌 이슈부터 부동산 가격의 급격한 하락 같은 현상까지, 자산 가치에 큰 변동을 일으킬 수 있는 요인들입니다. 이러한 비정상적인 상황에 대비하려면, 은퇴자들은 전통적인 자산 관리 방식을 넘어서 더 유연하고 포괄적인 접근법을 찾아야 합니다.

지정학적 위험: 중국과 대만

우선은 전쟁입니다. 전쟁이 발생한다면 자산의 가치가 의미 없습니다. 전쟁은 생존의 문제입니다. 이 경우, 현금이나 주식은 모두 의미가 없습니다. 혹자는 비트코인은 안전하다지만 그것도 살아서 전쟁이 없는 안전한 지역으로 이동했을 때 의미 있는 것이겠죠. 전쟁 위기가 발생했을 때 해외로 나간다는 것은 일반적인 은퇴 자산 관리와는 거리가 있습니다.

중국의 대만 침공은 어떤가요? 시진핑의 권력 유지를 위해, 필요하면 발생할 수 있다는 주장이 많이 있습니다. 그리고 그것이 한반도의 국지전과 연계될 것이란 주장이 있지만 가능성을 논하기는 어렵습니다.

전염병과 하이퍼인플레이션

은퇴자가 생각할 수 있는 최악의 시나리오는 전염병과 하이퍼인플레이션의 발생입니다. 2019년 누구도 예상하지 못했던 코로나19 발생으로 3년간 전 세계가 완전히 정지되었습니다. 직장을 잃고 자영업이 망하고 사실상 이동의 자유가 봉쇄되는 상황이 발생했습니다. 그리고 코로나19를 명분으로 주요국 정부는 유동성을 공급하였고 이로 인해 주가와 부동산 가격이 상승을 보였습니다. 전염병의 발생은 누구도 예상할 수 없습니다. 그러나 유사한 전염병이 또다시 발생한다면 유동성 공급도 추가될 가능성이 높습니다.

가장 중요하게 생각하는 시나리오는 하이퍼인플레이션의 발생입니다. 은퇴자들의 자산에서 가장 중요한 부동산 가격은 2018년 기준으로 두 배 이상 상승했다가, 2024년 기준으로 지역에 따라 다시 신고가를 보이기도 하고 2018년 가격 수준으로 돌아가는 상황입니다. 그런데 생활 물가는 정부가 발표하는 소비자 물가 지수와 관계없이 50~100% 상승했다고 체감할 것입니다. 외식비는 물론이고 식품비 등 기본적인 물가들이 크게 올랐습니다. 얼마 전에는 사과 1개에 1만 원이나 한다는 뉴스가 있었습니다.

인플레이션은 경제학 이론으로는 수요자들의 수요 확대 혹은 공급자들의 비용 상승에서 원인을 찾습니다. 그런데 정부의 재정 악화와 부채 증가의 해결 방안으로 유동성을 공급(화폐 발행)하는 것도 중요한 하이퍼인플레이션의 원인입니다. 특히 남들과 비교하기 좋아하고, 비교해야만 하는 우리나라는 양극화되는 사회에서 평균 가격의 상승은 문제가 없어 보이고 정부가 발표하는 지수는 안정적이라 하더라도 은퇴자들이 실생활에서 부담해야 하는 물가상황은 하이퍼인플레이션의 가능성도 있습니다.

경제 침체와 개인 부채

경제가 침체하고 경제주체들이 어려워질 수 있는 상황은 개인 부채의 폭발과 소비 침체에 따른 자영업의 몰락이 있습니다. 부동산 PF의 문제가 부동산 가격을 하락시키는 경우, 대출의 부담을 이기지 못하는 부동산 매물이 폭탄급으로 발생하면 대한민국 경제가 상당 기간 고통을 겪을 수 있습니다.

다른 사람들의 보이는 삶은 멋지고 안정적으로 보이지만 2023년 가계 순자산 평균은 4억 원 수준입니다. 순자산은 결국 부동산 가격과 비슷한 수준이며 금융 자산만큼은 부채가 있는 것으로 볼 수 있습니다. 그렇다면 가계 부실, 부동산 가격 하락에 따라 전국의 부동산 가격이 30% 하락한다면 우리나라 가구 평균 순자산도 30% 가까운 하락을 보일 것이고 소비는 급격히 위축될 것입니다.

금융권이 부동산 담보 대출을 시행하면서 담보로 잡고 있는 부동산을 감안한다면 이 또한, 문제입니다. 은퇴 자산 관리와 관련하여 은퇴자들이 월 500만 원의 현금 흐름을 확보해야 한다고 주장합니다. 그런데 한국의 가구 중위 소득은 2022년 기준으로 3,206만 원입니다. 은퇴자가 경제 전체의 평균보다 높은 소득이 가능하다면 그것은 일부의 이야기일 것입니다.

결론적으로 은퇴자들이 점검해야 할 비정상적인 시나리오는 하이퍼인플레이션이 발생하는 것입니다. 혹은 부동산 가격이 30% 하락하는 것입니다.

작년 가구 순자산 3억 9,000만 원…가계 부채 비율 203.7%

작년 우리나라 가구 순자산(자산-부채)은 3억 9,000만 원(실질 금액)으로, 전년보다 3,316만 원 줄어든 것으로 나타났다. 2010년부터 증가 추세를 보였던 가구 순자산은 작년 13년 만에 감소로 돌아섰다. 주택 가격 하락 영향이다. 가계 부채 비율은 2022년 203.7%에 달했다. 22일 통계청이 발표한 '국민 삶의 질 2023 보고서'에 따르면 작년 가구 순자산은 3억 9,018만 원, 전년(4억 2,334만 원) 대비 3,316만 원이 감소했다.

전체 가구의 실질 순자산은 2010년 2억 6,705만 원에서 2013~2014년을 제외하면 지속적으로 증가 추세였으나 작년 기준 13년 만에 13

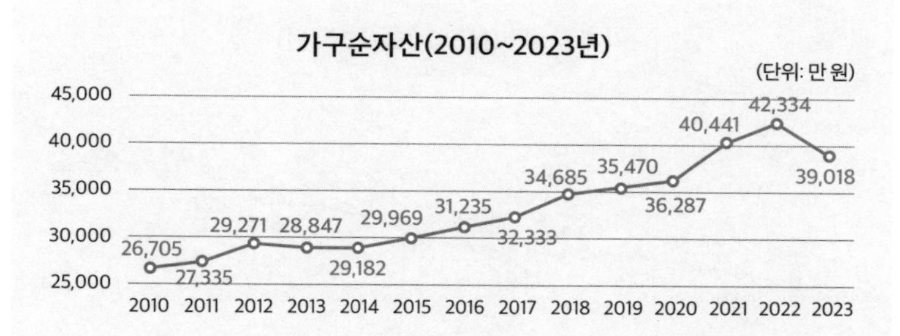

만에 감소했다. 가구 순자산은 가구의 자산에서 부채를 제한 것으로 웰빙의 지속에 직접적인 기반이 되는 축적된 재산의 규모를 보여 준다. 가구 재산의 증감과 그 구성의 추이를 살펴보는 것은 국민의 재정 상태 변화를 파악하는 데 중요하다. 실질 순자산액뿐 아니라 명목 금액 또한, 2022년 4억 5,602만 원에서 2023년 4억 3,540만 원으로 줄었다. 가구 자산이 줄어든 것은 자산 중 실물 자산 가격(거주 주택)의 하락에 기인한다. 실물 자산은 전년 대비 5.9% 줄었고, 특히 실물 자산 중 거주 주택의 감소(-10.0%)가 가장 크게 작용했다. 가계 부채 비율은 2022년 203.7%다. 전년(2021년·209.8%) 대비로는 6.1%p 하락했지만, 여전히 높은 수치다. 가계 부채 증가는 가계의 원리금 상환 부담을 높이고 이로 인해 가구의 재무적 위험이 증가해 정상적인 소비 지출의 제약 요인이 될 수 있다.

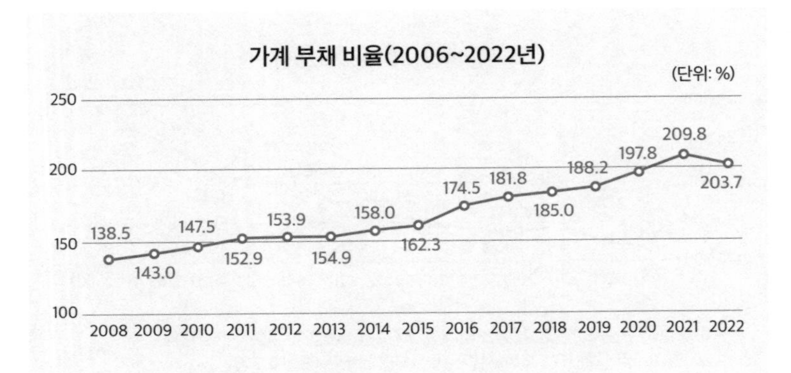

가계 부채 비율은 2008년 138.5%에서 꾸준한 증가 추세를 보여 2020년 197.8%, 2021년 209.8%로 상승했다. 2022년 가구 중위 소득은 3,206만 원으로 전년보다 75만 원 늘었다. 소비자 물가 지수(2020년 기준)를 적용해 실질화한 전국 가구의 균등화 중위 소득이다. 가구 중위 소득은 가구 단위의 소득 수준을 나타내는 지표로서 중위 가구의 생활 수준을 가늠할 수 있게 해 준다. 중위 소득은 2011년 2,311만 원에서 2022년 3,206만 원으로 38.8% 증가했다. 실질 가구 중위,소득은 2014년 소폭 감소한 것을 제외하면 2011년 이후 매년 증가 추세다. 우리 사회 양극화 현상이 고착화되고 있다. 2022년 상대적 빈곤율은 14.9%로 2021년 14.8%에서 소폭 증가했다. 상대적 빈곤율은 소득 불평등을 보여 주는 지표로, 우리 사회에서 저소득층이 차지하는 비율을 보여 준다. 특히 60세 이상 인구의 상대적 빈곤율은 39.3%로, OECD 국가 중 월등히 높은 수준이다. 또한, 다른 나라에 비해 전체 연령과 고령층의 상대적 빈곤율의 차이도 크게 나타나고 있다.

- [파이낸셜뉴스] 2024년 2월 22일

05

은퇴 자산의 미래 예측: 현실과의 간극

우리는 종종 현재 상황에 기초하여 가장 타당해 보이는 추정을 내립니다. 하지만 시간이 흘러 그 추정이 틀렸음이 드러나곤 합니다. 미래는 본질적으로 불확실하며, 우리가 예측한 미래도 시간이 지나면 결국 한 가지 현실로 수렴하게 됩니다. 예를 들어, 인플레이션을 고려하지 않고 오직 명목 금액만을 바탕으로 계획을 세웠을 때 은퇴자의 자산 가치는 예상치 못한 방식으로 축소될 위험이 있습니다. 이로 인해 은퇴자들은 경제적 어려움에 직면할 수도 있습니다. 따라서, 은퇴 자산 관리에서 설정하는 모든 가정은 세계가 우리의 예상을 벗어날 수 있다는 가능성을 포함해야 합니다.

일반론

우리는 계획을 세울 때 많은 가정을 합니다. 자산을 관리할 때도 마찬가지입니다. 기술적으로는 미래의 소득이나 현금 흐름에 대한 가정도 할 것이며 각종 금융 지표에 대한 가정도 합니다. 하지만 다양한 예측을 하는 것은 쉽지만 결과는 늘 예상을 빗나갑니다.

아마도 금리는 2~3%가 유지될 것이고, 부동산 가격은 금리 수준 정도의 변화가 있을 것입니다. 주가는 연 5~10% 매년 상승할 것입니다. 환율은 현재의 수준에서 횡보할 것입니다. 암호자산에 대해서는 신뢰하는 사람들은 큰 폭의 상승을 예상하지만 그렇지 않으면 거품이라고 생각하며 예상을 하지 않을 것입니다.

그런데 이런 전망은 이번만이 아니라 과거에도 동일하지 않았나요? 전망은 매년 비슷하고, 실제 시장은 시간이 지나면 매번 다른 모습을 보였습니다. 전문가들도 크게 다르지 않습니다. 모두 무난하게 예상하고 가정합니다. 그리고 매번 틀립니다. 시장에는 이런 반어법적 표현도 있습니다. '미래를 예측하려면 전문가들의 말을 종합하고 반대 방향으로 가라' 혹은, '금융 지표는 전문가들이 예상한 범위는 무조건 아니다'라고 하기도 합니다.

그렇지만 이론적으로는 이러한 전망이 잘못된 것이 아닙니다. 특정 시점에서 전망치는 틀렸지만, 미래에 대한 기댓값 분포의 평균 가격 측면에서는 틀리지 않은 것입니다. 틀린 전망을 장기적으로 취합하고 평균으로 계산하면 틀렸다고 볼 수 없습니다. 작년에는 +10% 틀렸고, 올해는 -10% 틀리면 평균적으로 0% 틀렸다고 볼 수 있습니다. 은퇴자의 전망도 이를 벗어나기 어렵습니다. '주가가 30% 이상 상승한다. 환율이 15% 이상 약세를 보일 것이다. 금리 수준이 1% 미만으로 하락할 것이다. 부동산 가격이 40% 상승할 것이다.' 등의 생각은 하겠지만 자산 포트폴리오를 구축하는 과정에서 반영할 수 있을까요? 자산 포트폴리오를 구축할 때는 자신의 전망도 반영하지만 전망이 틀렸을 때도 반영하여야 합니다. 내가 중심이 아니라 시장의 상황이 중심이 되어야 합니다.

일반적으로 은퇴자가 가능성 낮은 상황까지 대비하기도 어렵습니다. 정부가 댐을 만들 때 제방 높이를 얼마로 할 것인가를 계산할 때 강우량을 어떤 기준으로 할까요? 100년에 한 번 혹은 관측 이래 최대 강우량을 기준으로 할 수는 있겠지만 기후 위기로 과거 최고 기록의 5배 많은 양의 비가 올 수 있다고 생각하고 이에 맞추어 제방을 건설할 수는 없습니다.

인플레이션

이 책에서는 계속 인플레이션을 강조합니다. 과거 30년간 인플레이션 시대를 살고서도 은퇴 생활 30년간의 인플레이션, 법정 화폐의 가치 하락에 대하여 자산 포트폴리오의 구축에 반영하기 어렵기 때문입니다.

월 250만 원의 연금을 확보하자, 금융 자산 5억 원을 확보하자는 목표와 구체적인 계획을 만듭니다. 그러나 짜장면값이 3만 원, 5만 원이 되는 상황에 대비해, 현재는 월 250만 원인 연금이 월 500만 원 혹은 월 750만 원이 되도록 대비하기는 어렵기 때문입니다. 몇 년 사이에 생활비가 50%, 100% 상승했고 단기적으로 물가는 계속 오를 것으로 생각하더라도 자산 관리를 할 때는 명목 원금을 지키고 원금 보장을 하는 금융 상품을 중심으로 투자해야 합니다.

은퇴 자산 관리에서 인플레이션을 헤지할 수 있는 것은 인플레이션과 상관관계가 높은 자산을 편입하는 것입니다. 현실적으로 미국의 주가 지수, 한국의 주가 지수 혹은 금이나 비트코인 등이 인플레이션 헤지의 수단이 될 수 있습니다.

은퇴자의 선택

은퇴자가 기억해야 할 것은 일반적으로 믿는 가정들이 틀릴 수 있다는 사실입니다. 여러분은 혹시 다음처럼 가정하지는 않나요? 다음 내용을 꼼꼼히 읽어 보시기 바랍니다.

- 은퇴 자산의 명목 원금을 지키는 것은 안전한 것이다. 명목 화폐의 가치 하락의 위험에 대한 방어를 할 필요가 없다. (화폐 가치가 하락하면 자산 규모가 감소하는 효과입니다.)
- 금리형 상품은 투자 손실이 없다. (채권은 개별 채권을 매입한 후부터는 만기까지 보유한 경우에만 명목 금액으로 손실이 없습니다.)
- 부동산은 불패의 자산이다. 부동산 가격은 하락할 수 없다. 부동산 가격이 하락하면 나뿐만 아니라 경제 전체가 문제이고 금융 시장이 붕괴할 텐데 정부가 방치할 리가 없다. (부동산 가격을 정부가 관리할 수 없습니다.)
- 은퇴 이후에는 지출을 줄이고 안정적 투자로 돈을 모을 수 있다. (평균적으로는 직장 생활을 할 때도 돈을 모으기 힘들었습니다. 은퇴 이후에 돈을 모을 수 있다는 가정은 실현하기 어렵습니다.)
- 주가 지수를 전망할 수는 없지만 내가 보유한 종목은 가격이 상승할 것이다. 최소한 주가 지수 이상의 성과를 낼 것이다. (은퇴자는 평균적으로 금융 시장에서 평균 이하의 투자자입니다. 그런데 모두가 평균 이상의 성과를 얻을 수는 없습니다. 시간이 지날수록 시장 평균 이상의 수익을 얻는 것이 쉬운 일이 아닙니다.)

- 나는 운이 좋고 나의 결정은 시간이 지나면 나에게 도움이 될 것이다. (긍정적인 사고는 필요합니다. 그러나 자산 포트폴리오 구축에 이러한 바람을 기준으로 해서는 안 됩니다.)
- 세상은 예상한 범위 내에서 움직인다. (금리, 주가, 환율, 부동산 가격, 암호자산의 가격은 우리가 예상과 관계없이 등락을 보일 것이며 그 가격들이 은퇴자의 자산의 평가에 영향을 줄 것입니다.)

은퇴자로서 일정 정도의 위험 자산을 보유하고 시장의 움직임에 따라 대응하는 것이 중요합니다. 그리고 가능하면 세상의 변화를 인정하고 수용해야 합니다. 투자 측면에서도 세상의 변화는 투자자들의 기대 심리를 반영하고 있습니다. 내 생각이 아니라 다른 사람들의 생각을 객관적으로 바라볼 수 있어야 합니다.

06

삶의 목표 관리:
방향 설정의 중요성

우리의 삶은 단순히 일을 위해서나 자산 관리를 목적으로 흘러가는 것이 아닙니다. 우리는 생계를 위해 일하고, 더 나은 미래를 위해 투자합니다. 자산의 가치를 유지하고 증대시키기 위해 다양한 시나리오를 가정하고, 이를 토대로 분석하며 미래를 예측합니다. 은퇴 생활에서의 30년은 단지 숫자에 불과하지 않습니다. 이 시간이 진정으로 행복하고 만족스러운 시간이 되기 위해서는 자산 관리의 방향성을 명확히 설정하는 것이 중요합니다. 그 방향성은 단순히 재정적 풍요만을 추구하는 것이 아니라, 삶의 질을 향상시키고, 은퇴 이후의 삶을 풍부하게 만드는 데 의미를 두어야 합니다. 자산 관리는 그러한 삶을 실현하기 위한 수단이 되어야 하며, 재정적 안정성이 삶의 여유와 행복으로 이어지도록 하는 전략적 계획을 세워야 합니다.

나는 왜 사는가?

우리는 행복해지기 위해서 사는 것입니다. 우리는 일을 하고 싶어서 살지는 않습니다. 물론 일을 하면 보람되고 의미 있으며 소득도 발생합니다. 다만, 일보다는 삶이 먼저라는 의미입니다. 직장 생활을 할 때도 일을 하고 싶지 않았는데 은퇴 이후에 일을 하고 싶나요? 그러나 우리가 일을 해야 한다면 혹은 일을 하게 된다면 나에게 주어진 삶이고 누군가에게 도움을 주면서 돈을 버는 것이라고 의미를 부여해야 합니다. 우리는 일을 하기 위해 살지는 않습니다. 살기 위하여 필요할 때 일을 하는 것입니다. 우리는 법을 지키기 위해서 살지는 않습니다. 우리가 행복하게 살기 위하여 법을 지키는 것입니다.

우리는 왜 자산 관리를 하는가?

우리가 자산 관리를 하고 투자를 하는 것은 수익을 얻기 위해서입니다. 경우에 따라서는 위험을 관리하기 위하거나 심리적 안정을 위해 다소 경제적인 부분을 뒤로할 수는 있습니다.

자산 관리를 통해 은퇴 생활의 경제적 안정을 추구해야 합니다.

은퇴 생활의 안정성을 위한 자산 관리는 계획도 중요합니다. 자산 포트폴리오를 잘 구축하는 것도 중요합니다. 그러나 가장 중요한 것은 일관성 있게 행동하는 것입니다. 다음의 두 가지를 확인해야 합니다.

우선 사람들은 어떤 의사 결정을 하면 남과 비교하기 시작합니다. 그리고 의사 결정을 바꾸는 경우가 많습니다. 미국 주식에 투자했는데 일본 주식에 투자한 친구의 수익률이 높으면 나도 일본 주식에 투자하고 싶습니다. 디지털 전환 시대에 IT 종목에 투자했는데 배당 주식에 투자한 친구의 성과가 좋으면 배당 종목으로 바꾸고 싶습니다.

다음으로 남과 비교하지 않더라도 처음의 계획을 지키지 않고 수정하거나 포기합니다. 주식 포트폴리오를 1년에 한 번 점검하고 교체하겠다고 했는데 1달이 지나면 당장 바꿔야 할 것 같습니다. 1년간 주식이 재미없을 것이라 보고 채권형에 투자했는데, 1달간 주가가 상승하면 마음이 흔들립니다. 그런데 그 사이 금리가 올라 채권형을 정리하면 손실을 봅니다.

장기적으로 방향이 중요

이 책도 많은 주장을 하고 있으며, 유튜브를 보면 수많은 전문가가 다양한 전망을 합니다. 그런데 분명한 것은 대부분의 자산은 사이클이 있다는 점입니다. 그리고 동시에 세상의 변화, 큰 흐름도 있습니다.

우선 순환 측면에서 보면 산업이든 종목이든 좋을 때가 있고 나쁠 때가 있습니다. 전문성을 가지고 시의적절하게 교체 매매를 하는 것이 이상적이지만 현실은 늘 이상과 거리가 있습니다. 자산 관리에도 사이클이 필요합니다. 그래서 포트폴리오를 구축하는 것입니다. 가장 중요한 것은 방향성입니다. 은퇴 자산의 어느 정도를 위험 자산으로 편입할 것이며, 인플레이션 헤지 효과를 거둘 수 있을지 궁금합니다. 위험 자산의 선택은 방향성이 중요합니다. 현실적으로 대부분 은퇴자의 선택지는 부동산, 주식, 금, 비트코인 정도입니다. 주식은 미국, 중국, 일본, 한국 정도일 것입니다. 황금 배분율을 참고하면 됩니다. 과거 30년간 우리나라에서는 부동산이 최고의 결과를 가져다주었습니다. 향후 30년은 어떤 자산이 부동산을 대체할지를 고민하고 선택해야 합니다. 위험 자산을 황금 배분율로 배분하는 것이 좋은 방법입니다.

6장

은퇴자를 위한 100일 플러스 플랜

01

노후 현금 흐름 파악과 관리

현금 흐름과 관련하여 현재의 가치와 미래의 가치를 비교 분석해야 합니다. 현재의 자금을 미래로 옮기는 행위를 투자라 하며, 이는 투자 수익률에 의해 영향을 받습니다. 반대로 미래의 자금을 현재 가치로 환산하기 위해서는 할인율을 적용하여 평가합니다. 수익률과 할인율의 변화는 자산 규모의 변동을 크게 만들며, 이는 은퇴 생활의 질에 직접적인 영향을 미칩니다. 높은 수익을 목표로 하되, 손실의 위험도 고려해야 합니다. 손실이 발생하면 회복이 어려울 수 있습니다. 현금 흐름의 가치 변동을 정확히 이해함으로써, 개인은 자신만의 연금과 같은 현금 흐름을 생성할 수 있습니다.

돈의 시간 여행

은퇴자는 우선 돈의 시간 가치를 이해해야 합니다. 경제학에서는 이자율, 할인율이라고 표현합니다. 이자율은 돈의 시간 가치입니다. 현재의 돈이 미래에 얼마의 가치가 있는지 계산할 때 사용합니다. 투자 수익률도 현재의 돈을 미래의 돈으로 환산합니다. 100만 원은 은행에서 1년 뒤에 102만 원이 됩니다(은행 예금 이자율 연 2%). 주식, 금융 상품, 암호자산의 100만 원은 130만 원을 기대하지만 80만 원이 되기도 하고 150만 원이 되기도 합니다. 현재의 돈이 미래로 시간 여행을 하면 불확실성이 발생합니다. 이론적으로는 기댓값이 같습니다. 그러나 이론은 통계, 즉 횟수가 많을 때 평균을 이야기합니다. 은퇴자의 돈은 1번 시간 여행을 하며, 현재 최선을 다해 선택을 하지만 결과는 소위 케바케(Case by Case)입니다. 은퇴자는 이것을 운이나 실력으로 생각하기도 합니다.

마찬가지로 할인율은 미래의 돈을 현재로 시간 여행시킵니다. 미래의 현금 흐름은 명목 금액이 확정된 경우도 있고 불확실한 경우로 나누어집니다. 1년 뒤에 만기가 되는 예금 1천만 원, 1년 뒤에 받는 연금 150만 원은 지금 얼마의 가치가 있나요? 은행 이자율 2%로 할인할 수도 있습니다. 그러나 현재 돈이 필요하거나 인플레이션을 높게 예상한다면 10%로 할인할 수도 있습니다. 아이가 병원에 가서 100만 원이 필요한데 가용할 수 있는 예금은 1년 만기입니다. 카드론을 하려니 연 15% 이자를 내라고 합니다. 이때는 수수료를 부담하고도 예금을 해약하는 것이 맞는 결정일 것입니다.

이자율과 할인율은 동전의 양면일 수 있습니다. 은퇴자별로 생각하는 수치가 다를 것입니다. 그리고 은퇴자가 막연하게 생각하는 수치와 실제 적용해야 하는 값이 차이가 있을 수 있습니다. 분명한 것은 현재의 100원이 미래의 100원이 아니며, 미래의 100원도 현재의 100원과 차이가 있다는 것입니다.

72 법칙과 시간 가치 사례

72 법칙은 투자, 돈 불리기와 관련하여 이자율, 수익률에 따라 명목 금액이 두 배가 되는 기간입니다. 직관적으로 8%면 9년, 4%면 18년이 지나야 두 배가 된다는 것입니다. 주가가 단기간에 30%, 50%씩 변동하는 것을 수익률로 얻으면 '원금 두 배 만들기'가 쉬운 말이지만, 현실에서 투자로 원금을 두 배로 불리기에는 어려움과 불확실성이 있습니다.

아래의 표는 이자율별로 72 법칙의 가정 하에서 몇 년이 걸리는지를 나타냅니다. 3%면 24년, 10%면 7.2년입니다. 연 40%면 1.8년으로 2년 미만입니다. 참고의 수치는 해당 기간에 복리를 적용

원금	int	72/int	참고
100	1%	72.0	204.71
100	2%	36.0	203.99
100	3%	24.0	203.28
100	4%	18.0	202.58
100	5%	14.4	201.90
100	6%	12.0	201.22
100	7%	10.3	200.55
100	8%	9.0	199.90
100	9%	8.0	199.26
100	10%	7.2	198.62
100	20%	3.6	192.78
100	30%	2.4	187.70
100	40%	1.8	183.24
100	50%	1.4	179.30

[표 6-1] 72 법칙

한 것입니다. 두 배와 미세한 차이가 있으나 중요하지 않습니다.

이자율 수준에 따라 돈의 가치는 얼마나 바뀔까요? 할인율이 4%이면 30년 후의 100만 원은 현재 30.8만 원입니다. 할인율이 7% 면 10년 후의 100만 원은 현재 50.8만 원입니다. 주택 연금을 10년 후에 100만 원 받는 것은 현재 50.8만 원의 가치입니다. 수익률이 4%면 현재의 100만 원은 20년 뒤에 219.1만 원입니다. 수익률 8%로 30년이 지나면 현재의 100만 원은 1006.3만 원으로 10배가 됩니다. 비유하면, 지난 30년간 부동산이 10배 상승했다면 수익률은 연 8%가 됩니다.

이자율/시점	-30	-20	-10	-5	-3	-1	현재
1%	74.2	82.0	90.5	95.1	97.1	99.0	100
2%	55.2	67.3	82.0	90.6	94.2	98.0	100
3%	41.2	55.4	74.4	86.3	91.5	97.1	100
4%	30.8	45.6	67.6	82.2	88.9	96.2	100
5%	23.1	37.7	61.4	78.4	86.4	95.2	100
6%	17.4	31.2	55.8	74.7	84.0	94.3	100
7%	13.1	25.8	50.8	71.3	81.6	93.5	100
8%	9.9	21.5	46.3	68.1	79.4	92.6	100
9%	7.5	17.8	42.2	65.0	77.2	91.7	100
10%	5.7	14.9	38.6	62.1	75.1	90.9	100
20%	0.4	2.6	16.2	40.2	57.9	83.3	100
30%	0.0	0.5	7.3	26.9	45.5	76.9	100
40%	0.0	0.1	3.5	18.6	36.4	71.4	100
50%	0.0	0.0	1.7	13.2	29.6	66.7	100

이자율/시점	현재	1	3	5	10	20	30
1%	100	101.0	103.0	105.1	110.5	122.0	134.8
2%	100	102.0	106.1	110.4	121.9	148.6	181.1
3%	100	103.0	109.3	115.9	134.4	180.6	242.7
4%	100	104.0	112.5	121.7	148.0	219.1	324.3
5%	100	105.0	115.8	127.6	162.9	265.3	432.2
6%	100	106.0	119.1	133.8	179.1	320.7	574.3
7%	100	107.0	122.5	140.3	196.7	387.0	761.2
8%	100	108.0	126.0	146.9	215.9	466.1	1006.3
9%	100	109.0	129.5	153.9	236.7	560.4	1326.8
10%	100	110.0	133.1	161.1	259.4	672.7	1744.9
20%	100	120.0	172.8	248.8	619.2	3833.8	23737.6
30%	100	130.0	219.7	371.3	1378.6	19005.0	261999.6
40%	100	140.0	274.4	537.8	2892.5	83668.3	2420143.2
50%	100	150.0	337.5	759.4	5766.5	332525.7	19175105.9

[표 6-2] 돈의 시간 여행 (단위: 만 원)

은퇴자의 미래 연금과 예상하는 인플레이션을 반영하면 현재 가치에 대하여 감을 잡을 수 있습니다. 자녀에게 증여할 때 수익률이 안정적 자산으로 포트폴리오를 구축해 주는 것이 얼마나 중요한지 보여 줍니다.

창업과 현금 흐름

이번에는 돈의 시간 여행 측면에서 생각해 보겠습니다. 창업을 할 때는 은퇴자의 기대 수익률이 높습니다. 수익률이 10%이면 5년 뒤에 161.1만 원이며, 10년이면 259.4만 원입니다. 그런데 반대로 생각해 보겠습니다. 2억 원을 투자하여 1억 원의 손실이 발생합니다. 그럼 1억 원을 두 배로 만들어야 본전입니다. 사업 손실한 뒤에 안정적 투자 수익의 기회가 기다리고 있나요? 아닙니다. 좋은 투자 기회가 있었다면 애초에 창업 대신 투자를 했을 것입니다. 그럼 소득으로 다시 돈을 모아야 합니다. 직장 생활 30년 동안에도 모으기 힘든 1억 원을 반은퇴의 소득으로 모아서 창업 시점으로 돌아가려면 시간이 많이 필요합니다. 그런데 창업 자금이 주택 담보 대출이라면 이자 납부가 추가됩니다. 이것이 창업에 신중해야 하는 이유입니다.

투자 손실과 원금 회복

개인 투자자들이 투자로 돈을 벌기 힘들다고 합니다. 현금 흐름으로 이해해 보겠습니다. 우선 수수료를 무시해도 수익과 손실이 비대칭입니다. 20% 손실이 발생하면 25% 수익을 얻어야 본전입니다. 25% 수익을 얻고 20% 손실이 발생하면 본전입니다. 손실과 이익의 순서와 관계없이 동일합니다.

100% 수익 후에 50% 손실이면 본전이며, 50% 손실 후에 100% 수익을 얻어야 본전입니다. 통계나 확률로 설명하지 않아도 투자 수익이 어려움을 이해할 수 있습니다. 그리고 이것이 매매가 아닌 투자를 해야 하는 이유이기도 합니다.

원금	수익률	손실률
100	5.00%	4.76%
100	10.00%	9.09%
100	20.00%	16.67%
100	25.00%	20.00%
100	30.00%	23.08%
100	40.00%	28.57%
100	50.00%	33.33%
100	100.00%	50.00%

[표 6-3] 투자 손실과 이익의 비대칭

은퇴자가 설계하는 연금

지금까지 돈의 시간 여행을 확인해 보았습니다. 그럼 예금의 개념을 이용해 여러분만의 연금을 설계해 보세요. 1년 후부터, 향후 10년간, 20년간 그리고 30년간 매년 1,800만 원(월 150만 원)을 연초에 받으려면 얼마가 필요할까요. 은퇴 자금의 수익률에 따라 다릅니다. 금융 기관에 수수료를 지불하지 않고 자금 관리를 할 수 있습니다.

우선 매년 받는 1,800만 원의 현재 가치입니다. 예를 들어 수익률이 연 5%라면, 12년 후의 1,800만 원은 현재 1,002만 원(10.02백만 원)을 준비하면 됩니다. 1,002만 원으로 연 5%의 수익을 달성하면 12년 후에 1,800만 원이 된다는 의미입니다.

스스로 연금을 만들기 위한 자금입니다. 10년간 1,800만 원씩 사용하려면 수익률 연 2%면 1.6169억 원이며, 수익률 5%면 1.3899억 원이 필요합니다. 20년간 1,800만 원씩 사용하려면 수익률 연 1%면 3.2482억 원이며, 수익률 4%면 2.2432억 원이 있어야 합니다. 30년간 1,800만 원씩 사용하려면 수익률 연 1%면 4.6454억 원, 수익률 10%면 1.6968억 원입니다. 1.7억 원으로 연 1%면 10년이면 고갈되지만, 연 10%면 30년을 받을 수 있습니다.

투자, 자산 포트폴리오의 구축은 수익률에 영향을 줍니다. 그리

	수익률	1%	2%	3%	5%	10%
1	18.00	17.82	17.65	17.48	17.14	16.36
2	18.00	17.65	17.30	16.97	16.33	14.88
3	18.00	17.47	16.96	16.47	15.55	13.52
4	18.00	17.30	16.63	15.99	14.81	12.29
5	18.00	17.13	16.30	15.53	14.10	11.18
6	18.00	16.96	15.98	15.07	13.43	10.16
7	18.00	16.79	15.67	14.64	12.79	9.24
8	18.00	16.62	15.36	14.21	12.18	8.40
9	18.00	16.46	15.06	13.80	11.60	7.63
10	18.00	16.30	14.77	13.39	11.05	6.94
11	18.00	16.13	14.48	13.00	10.52	6.31
12	18.00	15.97	14.19	12.62	10.02	5.74
13	18.00	15.82	13.91	12.26	9.55	5.21
14	18.00	15.66	13.64	11.90	9.09	4.74
15	18.00	15.50	13.37	11.55	8.66	4.31
16	18.00	15.35	13.11	11.22	8.25	3.92
17	18.00	15.20	12.85	10.89	7.85	3.56
18	18.00	15.05	12.60	10.57	7.48	3.24
19	18.00	14.90	12.36	10.27	7.12	2.94
20	18.00	14.75	12.11	9.97	6.78	2.68
21	18.00	14.61	11.88	9.68	6.46	2.43
22	18.00	14.46	11.64	9.39	6.15	2.21
23	18.00	14.32	11.41	9.12	5.86	2.01
24	18.00	14.18	11.19	8.85	5.58	1.83
25	18.00	14.04	10.97	8.60	5.32	1.66
26	18.00	13.90	10.76	8.35	5.06	1.51
27	18.00	13.76	10.55	8.10	4.82	1.37
28	18.00	13.62	10.34	7.87	4.59	1.25
29	18.00	13.49	10.14	7.64	4.37	1.13
30	18.00	13.35	9.94	7.42	4.16	1.03

[표 6-4] 1,800만 원의 현재 가치 (단위: 백만 원)

기간합	1%	2%	3%	5%	10%
1년	17.82	17.65	17.48	17.14	16.36
2년	35.47	34.95	34.44	33.47	31.24
3년	52.94	51.91	50.92	49.02	44.76
4년	70.24	68.54	66.91	63.83	57.06
5년	87.36	84.84	82.43	77.93	68.23
6년	104.32	100.83	97.51	91.36	78.39
7년	121.11	116.50	112.15	104.15	87.63
8년	137.73	131.86	126.35	116.34	96.03
9년	154.19	146.92	140.15	127.94	103.66
10년	170.48	161.69	153.54	138.99	110.60
11년	186.62	176.16	166.55	149.52	116.91
12년	202.59	190.36	179.17	159.54	122.65
13년	218.41	204.27	191.43	169.08	127.86
14년	234.07	217.91	203.33	178.18	132.60
15년	249.57	231.29	214.88	186.83	136.91
16년	264.92	244.40	226.10	195.08	140.83
17년	280.12	257.25	236.99	202.93	144.39
18년	295.17	269.86	247.56	210.41	147.63
19년	310.07	282.21	257.83	217.54	150.57
20년	324.82	294.33	267.79	224.32	153.24
21년	339.43	306.20	277.47	230.78	155.68
22년	353.89	317.84	286.86	236.93	157.89
23년	368.20	329.26	295.98	242.79	159.90
24년	382.38	340.45	304.84	248.38	161.73
25년	396.42	351.42	313.44	253.69	163.39
26년	410.31	362.18	321.78	258.75	164.90
27년	424.07	372.72	329.89	263.57	166.27
28년	437.70	383.06	337.75	268.17	167.52
29년	451.18	393.20	345.39	272.54	168.65
30년	464.54	403.14	352.81	276.70	169.68

[표 6-5] 수익률별 필요 자금 (단위: 백만 원)

고 수익률은 은퇴 자금 관리에 매우 중요합니다. 그리고 이것이 인플레이션과 연계될 때 예금만 보유하면 오히려 위험할 수 있다는 의미입니다.

02

상속·증여를 위한 장기 계획 세우기

은퇴 자산 관리에 있어 자금적 여유를 보유한 광개토 씨는 효율적인 증여와 상속을 위한 계획을 세우고자 합니다. 이 과정에서 첫 번째 단계로, 세금을 신중하게 고려하며 장기 계획에 기반한 증여 전략을 마련하는 것이 가능합니다. 증여받은 재산을 효율적으로 관리하는 것은 중장기적인 투자 및 자산 포트폴리오 구성에 있어 핵심적인 부분입니다. 이는 과거 30년간 부동산이 수행해 온 역할을 미래의 30년 동안 어떤 자산이 대체할 수 있을지 고민하게 합니다. 따라서, 매매, 투자 그리고 자산 포트폴리오의 구성을 명확히 구분하고 적절히 활용하는 전략이 중요합니다.

증여를 위한 장기 계획

증여세 비과세 및 저율의 세금만 부담하는 장기 계획입니다. 이미 본문에서 확인한 표입니다. 우선 경제적 여유가 있는 경우에 증여를 고민하게 됩니다. 은퇴자가 사회 초년생 시절에 경제적으로 어려웠던 기억 때문에 자식에게 증여하려는 의지는 이해합니다. 그러나 증여는 타인이나 자식의 입장이 아닌 은퇴자 입장에서 자신의 은퇴 자산 관리를 최소한으로라도 해결한 뒤에 검토해야 합니다.

비과세 금액도 증여세 신고를 해야 합니다. 자식이 증여받고 현금으로 보유하지는 않을 것입니다. 따라서 증여 이후 자산이 증가할 것으로 예상한다면 신고를 해야 세금 문제가 해결됩니다. 증여세 신고가 없으면 취득 자산에서 수익이 발생했을 때 세금 부담이 달라질 수 있습니다.

은퇴자의 평균 수명은 자꾸 길어집니다. 사전 증여 없이 상속을 한다면, 예를 들어 90세에 60세 자녀에게 자산을 넘길 것입니다. 60세는 현재 은퇴자 나이겠네요. 넘길 자산이 있으면 자식에게도 젊어서 무언가 선택할 수 있도록 하는 것이 좋습니다. 지금이라도 시작해야 합니다.

증여 자산: 장기 투자 자산

증여의 수단은 현금, 금융 상품보다는 부동산이 세금 측면에서 유리합니다. 그러나 현금은 자식이 증여받은 돈으로 자산을 매입하기 용이합니다. 과거 30년을 생각하면, 자식들이 부동산이나 삼성전자를 소유하기를 바랍니다. 그러나 MZ세대는 미국 주식이나 비트코인을 선호할 것입니다.

지방에 가격이 싼 산을 매입하고 편백나무를 심고 30년이 지나면 자식이 부자가 될 것이라고도 합니다. 서울에서 반포동, 양재동에서 재개발을 겨냥한 투자가 적격이라고도 합니다. 타임머신을 타고 미래에 다녀올 수 있다면 확실한 답을 알 수 있을 텐데요. 미래는 예측할 수 없기 때문에 현재 가지고 있는 정보에 기반하여 선택해야 합니다.

증여 이후 자금 관리

자식에게 증여한 자산을 현금으로 보유하지는 않을 것입니다. 은퇴자들이 익숙한 부동산을 취득하거나 확정 고수익 상품을 우선적으로 선택할 것입니다. 혹은 지난 30년간 가장 안정적 성장을 보인 미국 주식을 선택할 수도 있습니다. 미국 주식의 경우는 연간

5천만 원 이내의 수익은 비과세이므로 세금을 줄이기 위해서는 연말 부근에서 매각하고 재매입을 고려할 수 있습니다.

자녀들이 살아갈 세상은 디지털 전환 시대입니다. 초연결성 사회이며 국경을 넘는 비즈니스가 늘어날 것입니다. 인터넷상에서 경제 활동이 확대될 것입니다. 비트코인 등의 민간 암호자산(가상화폐), 중국 등 국가가 발행하는 CBDC 또는 글로벌 기업이 발행하는 다양한 글로벌 화폐가 등장하여 사용될 수 있습니다.

지난 30년간 은퇴자들의 부를 결정지은 것은 부동산이었습니다. 앞으로 30년간 자식들의 부를 결정하는 것도 부동산일까요? 삼성전자 종목일까요? 미국 주식, 비트코인이 될 가능성이 있습니다. 자식들에게 증여받은 현금으로 장기적으로 안정적 성과가 예상되는 자산을 매입하도록 권유해야 합니다.

현금, 예금, 채권 등은 명목 금액은 지켜주지만 실질 가치는 지켜주지 못합니다. 지난 30년과 달리 미래 30년간은 인플레이션이 없을 것이라 확신하더라도 30~50% 이상으로 위험 자산을 편입하길 권합니다.

매매, 투자 그리고 자산 포트폴리오

증여 자산은 장기 투자가 가능합니다. 증여받은 자녀 입장에서는 일을 해서 번 돈이 아니라 무상으로 취득한 자산입니다. 혹시라도 단기 매매를 하면 준비 안 된 투자자의 일반적인 결론인 파산에 도달할 가능성이 높습니다.

투자는 저평가된 자산을 매입하고, 적정 가격에 도달하면 매각하여 수익을 확보하는 것입니다.

투자 포트폴리오는, 물론 자산별 분석이나 가격 전망도 중요합니다. 그러나 더 중요한 것은 미래에 시장 상황이 어떤 방향으로 변동하든지 자산 전체의 수익이 안정적이 되어야 한다는 점입니다. 주가가 상승, 하락 횡보를 하는 경우에 모두 안정적 수익이 달성되도록 포지션을 취하는 것입니다. 은퇴자나 그 자녀가 비트코인을 충분히 이해하지 못해도 현물 ETF, 반감기, 미국 정부 부채 확대를 감안하여 은퇴자 자산의 일정 비율을 구축하는 것도 좋은 방법입니다. 은퇴자들이 과거에 부동산 매입할 때 정확한 분석을 근거로 매입했을까요? 자산 포트폴리오 구축의 경우는 자산 가격에 대한 전망과 함께 시대의 변화도 반영해야 합니다.

03

은퇴 후 의료 계획 세우기

은퇴자들끼리 만나면 건강 관련 대화의 비중이 점점 늘어납니다. 누군가는 아프고, 누군가는 약을 먹고 또 누군가는 치료를 받습니다. 시간이 지나면서 약을 먹고 병원에 다니고 아픈 이야기를 하는 비중이 점점 늘어납니다. 젊고 건강할 때는 관심이 없었던 건강 관리가 이제 절실합니다. 노화와 질병에 대한 적절한 대응을 해야 하고 건강을 지키려는 사전적 의료비가 지출됩니다. 누구도 원하지 않지만 간병이 필요할 수 있습니다. 간병은 시간과 돈이 많이 필요하며, 누구에게나 피하기 어려운 짐으로 다가올 수 있습니다.

노화와 질병

은퇴자들은 60년 가까이 몸을 사용했습니다. 모두들 자신의 신체를 조심스럽게 다루었겠지만, 60년이나 되었는데 아픈 곳이 없는 것이 어쩌면 신기한 일입니다.

노화는 나이가 들어서 기능이 저하되는 것입니다. 시력, 근력 등의 약화는 나이를 이기지 못합니다. 질병은 일시적으로 몸이 악화된 것으로 대부분 치료를 통해 회복됩니다. 그런데 나이가 들고 일을 그만두면 몸이 여기저기 불편하고 아프게 느껴집니다.

허리가 아프고 무릎이 불편한 것이 병인지 노화인지 모호하기도 합니다. 그리고 몸이 불편한 것이 중요하지 노화인지, 질병인지는 다음 문제일 수 있습니다. 몸이 찌뿌둥하고, 속이 불편하고, 앉았다가 일어나면 어지럽기도 합니다.

피할 수 없는 노화, 모호한 질병의 문제는 은퇴자들에게 건강의 중요성을 강조하게 만듭니다. 예전 같지 않은 건강, 이나마라도 오래 유지하고 싶다는 생각을 은퇴자라면 누구나 할 것입니다. 그리고 해결책이 건강 관리라는 점은 누구나가 알고 있습니다. 누구나 운동과 체력 관리가 부족합니다. 누가 몸에 좋다고 하면 뭐든 사 먹고 싶습니다.

건강 관리와 비용: 사전적 의료비

불편하더라도 대중교통을 이용하면 생활 체육이 불가피합니다. 계단을 오르내리고, 뛰고, 흔들리는 차 안에서 서서 균형을 잡아야 합니다. 차로 출퇴근을 했다면 차에서는 편하지만 운동이 필요하다 생각되니 별도의 비용을 지불하고 헬스를 다니기도 합니다.

은퇴를 하면 시간이 많아 운동할 시간이 없다는 말은 부끄럽습니다. 백수가 과로사한다는 말처럼, 이상하게 운동할 여력이 없습니다. '돈을 내야, 그 돈이 아까워 열심히 한다'라고 스스로를 구속하기 위해 6개월 치 헬스를 끊고는 3번만 갔던 기억도 있을 겁니다. 그러다 보니 건강 관리가 늘 부족하게 느껴지고, 관련 비용을 과감하게 지불하게 됩니다.

건강 관리는 또 하나의 소득이고 투자입니다. 은퇴 생활에서 자기 관리를 하면 건강 관리가 되고 건강 관련 지출을 줄이게 됩니다. 은퇴자도 대부분 불필요한 건강 관리에 지출을 하고 정작 중요하고 기본인 운동과 체력 관리를 소홀히 합니다. 그것이 인생인가 봅니다.

건강을 잃으면 모든 것을 잃습니다. 은퇴자의 건강은 비가역적 경로라고 여깁니다. 은퇴자는 아프지 않는 게 중요하기 때문에 다양한 건강 검진을 합니다. 그런데 60년이나 사용한 몸은 한두 군

데쯤에 문제가 있거나, 또는 향후 문제가 있을 수 있다는 진단을 받는 것이 일반적입니다. 특히 사람을 많이 만나고 술 약속이 많은 직업이었다면 몸에 이상이 없는 것이 이상한 일이겠죠. 은퇴자는 주변에 어떤 친구가 있느냐도 중요합니다. 디스크 환자 얘기를 들으면 나도 디스크 같습니다. 당뇨 환자 얘기를 들으면 나도 당뇨 가능성이 커 보입니다.

인생에 정답이 없고, 건강 관리에도 정답이 없습니다. 결국 은퇴자의 선택입니다.

치료비와 간병비

병이 발생하면 치료해야 합니다. 국민건강보험, 일반 보험, 실손보험 그리고 경제적 여건도 감안하여 치료할 것입니다. 평상시에 건강 관리를 잘하여 치료나 간호의 문제, 비용 발생이 없으면 좋지만 은퇴자 모두가 행운아일 수는 없습니다.

문제는 은퇴자가 병에 걸리면 회복 가능성과 치료비 지출 여력을 판단해야 한다는 점입니다. 의학적으로도 설명하기 어려운 기적도 있습니다. 그러나 현실에서 의사 결정은 일반적 상황을 전제해야 합니다. 가족의 삶도 중요한 변수입니다.

다음은 간병과 간병비 문제입니다. 은퇴자 입장에서는 1단계는 부모에 대한 간병비를 가늠해야 합니다. 2단계는 부부의 간병비를 결정해야 합니다. 왜냐하면 간병비를 보험 없이 지불하려면 평균 경제력의 은퇴자는 생활비의 상당 부분을 포기해야 하기 때문입니다. 혹은 감당하기 벅찬 부채의 원인이 될 수 있습니다. 대한민국 가구 중위 소득이 연 3,200만 원 수준입니다. 은퇴자 평균 생활비를 일반적으로 월 300~400만 원 수준으로 보고 있습니다. 그런데 간병비는 치료비 이외에 월 250~300만 원이 필요합니다.

가족 간호비 지출에 대한 원칙도 필요합니다. 경제학은 선택의 문제이고 예산의 제약을 받습니다. '원하는 간병보다는 감당할 수 있는 간병'을 선택해야 합니다. 예를 들어 자식이 간병 보호사 자격을 취득하여 부모님 간병을 하고 정부 지원을 받을 수 있습니다.

04

은퇴 후 생활의 질 향상 전략

많은 사람들이 은퇴 후에는 미리 모아 둔 자금으로 여유롭게 시간을 보낼 수 있을 것이라고 생각합니다. 하지만 실제로는 직장 생활보다 더 많은 노력을 가정에 투입해야 하며, 마치 영업 실적을 챙기듯 건강도 신경을 써야 합니다. 또한, 외로움을 극복할 수 있는 개인적인 취미나 소일거리를 찾게 됩니다. 이와 더불어 인플레이션으로 인한 화폐 가치의 하락에 대비하여 자산 관리에도 주의를 기울여야 합니다. 은퇴 생활의 질을 높이는 것은 혼자만의 노력이 아닌, 함께 고민하고 대비해 나가야 할 과제입니다. 이제 우리가 모두 은퇴 생활을 더욱 풍요롭고 만족스럽게 만들기 위해 시작합시다.

가족 관계가 기본

가족 관계가 중요하다는 것은 누구나 하는 말입니다. 나와 가족, 특히 부부간의 관계가 중요합니다. 은퇴하면 부부가 보내야 하는 시간이 더욱 늘어납니다. 서로를 이해하고 서로의 입장에서 생각해야 합니다. 가는 말이 고와야 오는 말이 곱다고 했습니다. 사소한 말로 주는 상처가, 중재자 없는 부부생활에서 무엇보다 중요합니다.

소외

은퇴 후 행복하게 생활하려면 우선 건강해야 합니다. 건강을 잃으면 모든 것을 잃습니다. 그리고 돈이 있어야 합니다. 은퇴자에게 돈은 행복을 위한 필요조건입니다. 돈이 많다고 행복한 것은 아니나 돈이 부족하면 불편합니다. 행복해지려면 더 많은 노력을 해야 합니다.

건강과 돈이 있어도 나이가 들면 외로움의 문제가 발생합니다. 역설적이지만 바쁜 자식들 입장에서 건강한 부모님을 찾아뵙는데 소홀할 수 있습니다.

외로움을 극복하는 방법으로 스스로 존재감을 느낄 수 있는 활동이 필요합니다. 걷기를 포함한 운동, 독서, 문화 활동이 가장 쉽게 생각할 수 있는 것입니다. 매일 조금씩 할 수 있는 것, 쉽게 접근할 수 있는 것이 중요합니다. 매일 퍼즐을 풀고 그것을 네이버 카페에 저장하는 사람도 있습니다. 매일 새로운 일을 하고 페이스북(메타)에 일기를 쓰는 사람도 있습니다. 매일 아침 집 부근의 풍경을 찍어 유튜브에 올리는 사람도 있습니다.

자산 관리

은퇴자가 은퇴 시점에 고민하는 자산 관리는 세금이나 건강 보험료입니다. 그리고 투자와 관련하여 명목 원금을 지키고, 이자 배당을 통한 안정적 현금 흐름 만들기를 중시합니다. 투자를 통해 안정적 수익을 얻고자 합니다.

그런데 은퇴자가 자산 관리 할 기간을 길게 보면 다음 두 가지가 중요합니다. 지난 30년만큼이나 앞으로의 30년도 변화가 클 것이라면 더욱 중요하게 생각해야 합니다.

우선, 인플레이션입니다. 특히 저성장이 고착화된 경제에서 정부의 역할이 확대됩니다. 정부 지출이 늘고, 정부 부채가 확대되고 있습니다. 명분만 있으면 미국을 중심으로 각국 정부는 유동성을 공급합니다. 2008년 이후로 그래왔고 앞으로도 다른 대안이 없습니다. 은퇴자의 자산 관리는 인플레이션을 감안해야 합니다.

둘째로 자산 포트폴리오 구축입니다. 인플레이션 위험을 헤지할 수 있는 자산 포트폴리오를 구축해야 합니다. 황금 배분율로 자산을 배분할 때 인플레이션을 헤지할 수 있는 자산을 포함해야 합니다. 인플레이션은 법정 화폐의 가치 하락을 의미합니다. 인플레이션 헤지는 전체 자산의 물량이 제한된 자산으로 가능합니다. 물량 공급에 경직적인 미국 우량 주식, 부동산 그리고 비트코인이 후보입니다. 위험 자산을 보유하면 평가 금액이 등락을 보입니다. 은퇴자는 법정 화폐의 가치 하락을 피할 것인지, 보유 자산의 평가 금액의 등락을 피할지 선택해야 합니다. 그리고 유동성 공급은 시간이 흐르면 인플레이션을 피할 수 없습니다.

감사의 글

저는 1967년에 시작한 인생이라는 여행을 하고 있습니다. 지나온 여정은 아쉬움도 있으나 행복하고 즐거운 시간이었습니다. 이제 앞으로 남은 인생은 지금과는 다른 은퇴 생활이라는 여정이 기다리고 있습니다. 이 책을 통해 남은 여정을 알차게 보내기 위한 고민을 정리하고 공유할 기회를 갖게 되었습니다.

지금은 자라섬으로 유명한 중국섬 근처, 남이섬도 멀지 않은 경기도 가평의 달전리라는 마을에서 어린 시절을 보냈습니다. 어릴 때는 건강이 가장 큰 문제였습니다. 신장에 문제가 있어 자고 나면 몸이 붓고, 몸을 움직이면 혈뇨가 나오고 체육 시간에는 스탠드에 앉아 친구들의 수업을 구경했던 기억이 많습니다. 작지만 3번의 수술을 한 적도 있었습니다. 이런 건강의 약점은 건강 관리를 신경을 쓰도록 했습니다. 지금은 건강한 편이며, 만난 지 얼마 안 된 사람들은 믿지 않을 수도 있습니다. 2024년 4월 기준으로 1,800일 이상 연속으로 '일일 만 보'를 걸었으며, 오늘도 10,000일을 목표로 인생 여행을 하고 있습니다.

과학고, 과기대(KAIST)에서 공부하고 1993년 서울의 삼성그룹에서 직장 생활을 시작했습니다. 투자와 운용을 직업으로 하는 펀드 매니저가 저의 평생 직업이 될 줄 알았습니다. 서울에서의 직장 생활 시작은 1993년 신월동 기숙사였습니다. 아침 5시 50분에 출발하는 통근 버스를 못 타면 지각이었습니다. 몇 년간은 토요일에도 근무했습니다.

당시 연봉은 대기업임에도 은행에 1억 원을 예금했을 때 받는 이자보다 조금 많은 정도였습니다. 서울의 아파트는 1~2억 원 수준이었고, 은행의 예금 이자율이 13%였습니다. 은행에 2억 원을 예금하면 1년 이자가 2,600만 원으로, 웬만한 대기업 직원들 연봉보다 많은 때였습니다. 월 100만 원도 안 되는 월급에서 재형 저축, 주택 부금을 납부하고 기숙사비, 부모님 용돈을 드리면 남는 돈이 없었습니다. 6개월에 한 번 받는 보너스가 그나마 저축의 재원이었습니다.

어떻게 직장인이 돈을 모을 수 있는지 많이 고민했습니다. 평범한 한국의 직장인으로 자산 관리의 종착점은 주거 문제였습니다. 1994년 말 버스에서 내려 10분을 걸어 올라오는 언덕 위의 작은 빌라를 대출로 전세를 얻어 신혼살림을 시작했습니다. 직장생활 열심히 하고 돈을 모아서 서울 하늘 아래 집을 사서 이사를 다니지 않으며 자식들과 행복하게 사는 것이 목표가 되었습니다. 2009년 이후 이사를 하지 않았습니다. 아마 당시의 대부분 직장인이 비슷했을 것입니다. 지금도 직장 초년생은 비슷할 것입니다.

10년 전, 직장 생활을 20년 정도 하고는 2014년 평생직장일 줄 알았던 운용사를 그만두었습니다. 이후 10년간은 직장을 다니며 강의를 병행하고 있습니다. 남들보다 조금 빠른 반은퇴 생활을 시작했습니다.

세상사는, 인생이라는 여행은 아쉬운 점이 있으면 좋은 점도 있을 것입니다. 지금은 직장을 다니지만, 회사에서 배려해 주어 시간의 구속을 받지 않고, 매일 여행 다닌다는 생각으로 여기저기 다니며 일일 만 보를 합니다. 2019년부터는 SNS(메타, 페이스북)에 매일 일기를 쓰고 있습니다. 그리고 언제부터인가 이런 저의 생활을 스스로 반은퇴 생활이라고 생각했습니다. 그리고 이 책의 제목이 되었습니다.

일일 만 보를 걸으며 많은 생각을 합니다. 저 개인의 건강을 위하는 일 말고, 저의 생각들을 정리해 보고 싶었습니다. 2023년에는 청소년을 위한 경제 도서를 집필했습니다. 이번에는 제가 궁금해했고, 고민했던 은퇴 자산 관리에 대하여 정리했습니다. 이미 은퇴했거나, 혹은 은퇴가 얼마 남지 않은 사람들과 공유할 수 있는 자산 관리 책을 쓰고자 했습니다.

책을 완성하고 감사의 글을 쓰려니 생각나는 분들이 많습니다. 정기적으로 스터디를 한다며, 모이면 좋은 말씀으로 배우는 시간만 주시는 이상두 대표님과 손덕곤 대표님, 부동산에 대해 세상을 바라보는 가르침을 주시는 김진수 대표님 덕분에 세상의 변화를 배웁니다. 100대 명산을 다니며 많은 대화와 은퇴 생활을 공유하시는 장웅수 박사님과 자주 만나 세상 이야기를 해주는 후배 이휘승의 도움이 컸습니다. 그리고 이번에 학교를 졸업하고 취업한 큰아이와 대체 복무와 공부를 병행하는 작은아이 그리고 항상 나의 입장을 배려해 주는 아내가 있어 이 책을 마무리할 수 있었습니다.

- 신동국

참고 문헌 및 출처

신동국의 『반은퇴』 참고 문헌 및 출처는
QR을 통해 웹사이트에서 확인하실 수 있습니다.